완전!

한국어초급 I

마쓰오카 유타 · 심지현

사사키 마사노리 · 양정선

表紙　挿絵　そく・ちょるうぉん

韓国語初級Ⅰ

松岡雄太　沈智炫　佐々木正徳　梁正善

本書の登場人物

田中 彩(다나카 아야)
女性・18歳・大学1年生
韓国語専攻・長崎出身

山田 淳一(야마다 준이치)
男性・19歳・大学1年生
韓国語専攻・熊本出身

李 知民(이지민)
女性・19歳・交換留学生
日本語専攻・釜山出身

朴 承基(박승기)
男性・22歳・交換留学生
日本語専攻・ソウル出身

まえがき

　この度、『完全！韓国語初級Ⅰ』を上梓する運びとなりました。日本国内には既に数多くの韓国語教材が出版されていますが、本書は従来の教科書にない点をいくつか盛り込んでいます。本書の特徴は主に以下に挙げる7点です。

① 本書は韓国語をはじめて学ぶ人を対象に作られています。本書の続編となる『～初級Ⅱ』と併せて2冊を最後まで学び終えると、「韓国語能力試験(TOPIK)」の初級（2級）に合格できるようになっています。

② 本書の本文は、韓国語を学ぶ日本人学生（大学1年生）が韓国からやってきた留学生といっしょに、日本での大学生活を送るというストーリーになっており、練習問題も日本の大学で韓国人留学生と一緒に生活する際に、話題に挙がるだろう題材によって構成されています。つまり、授業で学んだことをその日からすぐに使えるようになっています。

③ 本書の各課では、文法・読解・作文・会話・聴解の各項目に分けて多くの練習問題を載せてあります。よって、本書の練習問題をやりきると、韓国語が「バランス良く」身につくようになっています。

④ 本書は大学の授業（1回90分）で1週間に2回やれば、凡そ1年間（30回）で終えることができるようになっています。よって、本書を大学の週に1回のクラスで使う場合、単純に計算すれば2年間かかることになりますが、授業内では身につけたい項目だけを選んで練習し、残りの項目を授業外の学習に回すなどすれば、週に1回の授業でも1年間でこの1冊を終えることができるでしょう。読み書き中心の授業か会話中心の授業かによって、練習問題の取捨選択をしてください。本書は主に大学の授業で使われることを念頭に置いて作りましたが、同様にすれば高等学校でも使用することができるでしょう。

⑤ 会話練習はペアワーク、グループワーク、スピーチのいずれかになっており、全て実践的なアクティブラーニング形式を採っています。ペアワークは［ペ］、グループワークは［グ］、スピーチは［ス］と表示しています。

⑥ 日本語と韓国語は似ているとよく言われます。ですが、異なるところもたくさんあります。本書では韓国語の発音や文法を導入・説明する際に、できる限り、日本語の発音や文法と対照するように心がけています。

⑦ 文法の説明は、はじめて韓国語を学ぶ日本語母語話者にとって理解しやすいことに重点をおいています。ですので、本書の説明では例外が生じることもあるでしょうが、そのことを承知の上で書いています。初級を終えた学習者のみなさんはこの点について、学習が進むにつれて自ら理解を修正・補足していって欲しいと思います。

最後に、本書を出版する機会を与えてくださり、同時に出版まで並ならぬご尽力くださった同学社の近藤孝夫様、本書のイラストを手がけてくださったそく・ちょるうぉん氏に、この場を借りて深く感謝いたします。

2015年2月
著者一同

目次

課	題材	学習内容	頁
1	文字と発音1	①母音（ア行音） ②半母音1（ヤ行音） ③子音1（日本語にある音）	1
2	文字と発音2	①子音2（日本語にない音） ②半母音2（ワ行音） ③パッチム（「ん」と「っ」に類する音）	10
3	文字と発音3	文字通りに読まないつづり ハングルで日本語を表記する	19
4	【自己紹介1】 제 이름은 다나카 아야입니다. <私の名前は田中彩です>	①는/은, 가/이 ②指示詞（コ・ソ・ア・ド） ③입니다/입니까? ④예요/이에요(?) ⑤(이)라고 합니다	30
5	【自己紹介2】 제 고향은 나가사키가 아니에요. <僕の出身地は長崎じゃありません>	①도 ②가/이 아니에요(?) ③가/이 아닙니다(아닙니까?) ④가/이 아니라	46
6	【身の回りの環境】 기숙사 방에는 텔레비전이 없어요. <寮の部屋にはテレビがありません>	①있다/없다 ②에 ③하고,와/과,랑/이랑 ④漢数詞	56
7	【買い物】 이건 한 개에 백 엔이에요. <これは1個100円です>	①固有数詞	70
8	【日課】 매일 아침 6시에 일어나요. <毎朝6時に起きます>	①Ⅲ-요 ②를/을 ③에서(から) ④부터 ⑤까지 ⑥로/으로(で)	80

9	【週末の出来事】 지난 주말에 뭘 했어요? <先週末に何をしましたか?>	①에서(で) ②나/이나 ③Ⅲ-ㅆ어요 ④안 ⑤못	96
10	【道案内】 왼쪽으로 가면 전철역이 있어요. <左へ行くと電停があります>	①로/으로(へ) ②Ⅱ-세요 ③Ⅱ-면 ④Ⅱ-면 되다 ⑤Ⅱ-면 안 되다	110
11	【食事の注文】 나는 특선 짬뽕을 시킬래요. <私は特撰ちゃんぽんをたのみます>	①Ⅱ-ㄹ까요? ②Ⅱ-ㅂ시다 ③Ⅱ-ㄹ래요(?) ④Ⅱ-ㄹ게요	122
12	【季節と天気】 겨울은 춥지만 눈이 안 와요. <冬は寒いけど雪は降りません>	①不規則用言1 ②Ⅰ-고 ③Ⅰ-지만 ④Ⅰ-겠다 ⑤보다	134
13	【夏休みの計画】 방학이 되면 뭐 할 거예요? <休みになったら何しますか?>	①不規則用言2 ②Ⅱ-ㄹ 것이다 ③Ⅰ-고 싶다 ④Ⅱ-러	146
14	【家族の紹介】 제일 키가 큰 사람이 아빠예요. <一番背の高い人がお父さんです>	①Ⅱ-ㄴ ②Ⅰ-는 ③Ⅱ-ㄹ	158

【附録】

① 用言の活用	170
② 韓国語の辞典の使い方	171
③ 韓国語（ハングル）をパソコンで入力する	178
④ ハングルのローマ字表記	182
⑤ 韓国語の外来語	184
⑥ 不規則用言のまとめ	189

あいさつ

「おはよう・こんにちは・こんばんは」

① 안녕하십니까?
② 안녕하세요?　③ 안녕?

「ありがとう」

① 감사합니다./고맙습니다.
② 고마워요.　③ 고마워.

「いえいえ(感謝に対して)」

① 별 말씀을요.
② 천만에요./아니에요.
③ 천만에./아냐.

「失礼します(入室時)」

실례하겠습니다./실례합니다.

---

① とても丁寧な形（目上の人や、親しみのない相手に）
② ふつうに丁寧な形（親しみがあるが、ため口を使えない相手や状況で）
③ ため口・ぞんざいな形（同年代や目下の人に）

「大丈夫です(謝罪に対して)」

① 괜찮습니다.
② 괜찮아요.
③ 괜찮아.

「ごめんなさい」

① 죄송합니다./미안합니다.
② 죄송해요./미안해요.
③ 미안해./미안.

「さようなら(その場から去る人に)」
　① 안녕히 가십시오.
　② 안녕히 가세요.
　③ 잘 가./안녕!

「さようなら(その場に残る人に)」
　① 안녕히 계십시오.
　② 안녕히 계세요.
　③ 잘 있어./안녕!

「はじめまして」 처음 뵙겠습니다.
「宜しくお願いします」
　잘 부탁드리겠습니다./
　　　　　　　잘 부탁합니다.

「お会いできてうれしいです」
　① (만나서) 반갑습니다.
　② 반가워요.
　③ 반가워./반갑다.

「いただきます」
잘 먹겠습니다.

「ごちそうさま」
잘 먹었습니다.

「おやすみ」
① 안녕히 주무십시오.
② 안녕히 주무세요.
③ 잘 자.

「おめでとう」
① 축하드리겠습니다./
　축하합니다.
② 축하해요.　③ 축하해.

「もしもし?」
여보세요?

「あけましておめでとう」
새해 복 많이 받으세요.

第1課　文字と発音1

1-1　母音：ア行音

韓国語の母音は、長い棒と短い棒（短い棒は元々点）の組み合わせからなっています。長い棒は縦と横の 2 種類があり、単独でも使えます。短い棒は長い棒と一緒にしか使えません。短い棒は必ず長い棒の左右か上下につけます。そうすると、その組み合わせは全部で 6 通りになります。

あ	ㅏ	[a]	日本語の「あ」とほとんど同じ
い	ㅣ	[i]	日本語の「い」とほとんど同じ
う	ㅜ	[u]	日本語の「う」より口をすぼめて（ろうそくの火を吹き消すときの口の形にして）「う」
	ㅡ	[ɯ]	唇を横にひっぱった状態にして（「い」を発音するときの口の形にして）「う」
お	ㅗ	[o]	日本語の「お」より口をすぼめて（ろうそくの火を吹き消すときの口の形にして）「お」
	ㅓ	[ɔ/ə]	日本語の「お」よりももう少し口をひろげて「お」

韓国語の「え」は 2 種類あります。もともとは違う発音だったのですが、現在は二つとも同じように発音する人が増えています。

え	ㅔ	[e]	日本語の「え」とほとんど同じ
	ㅐ	[ɛ/e]	日本語の「え」よりももう少し口をひろげて「え」（ただ、**最近は「ㅔ」と同じように発音する人が多い**）

文字の覚え方1

ㅔ ＝ ㅓ ＋ ㅣ　（日本語の「遅い[os**oi**]」が「遅せー[os**e:**]」になるように）

ㅐ ＝ ㅏ ＋ ㅣ　（日本語の「旨い[um**ai**]」が「旨めー[um**e:**]」になるように）

ハングルの構造

ハングルはアルファベットと同じように原則として一文字が一つの音を表しています。しかし、アルファベットと違って、ハングルは必ず子音と母音をペアで表記しなければなりません。

タイプ1 縦棒が長い母音（ㅏ・ㅣ・ㅔ・ㅐ・ㅓ）を含むもの

子音	母音

タイプ2 横棒が長い母音（ㅡ・ㅜ・ㅗ）を含むもの

子音
母音

発音上は母音だけであっても、文字上では子音の位置に「子音がない」ことを表す文字として「ㅇ」を書かなければならないのです。

あ	い	う		え		お	
아	이	우	으	에	애	오	어

これからいろいろな子音を学んでいきますが、学んだ子音はこの「ㅇ」を書いた位置に入れればよいわけです。

【練習1】 次の単語を発音しながら、3回ずつ書いてみよう。

① 아　＜あ(驚きの声)＞　　　........................　........................　........................

② 이　＜二・この＞　　　　........................　........................　........................

③ 오　＜五＞　　　　　　　........................　........................　........................

④ 에　＜に(助詞)＞　　　　........................　........................　........................

⑤ 애　＜子ども＞　　　　　........................　........................　........................

⑥ 아이　＜子ども＞　　　　........................　........................　........................

⑦ 오이　＜きゅうり＞　　　........................　........................　........................

⑧ 아우　＜弟＞　　　　　　........................　........................　........................

⑨ 우아　＜優雅＞　　　　　........................　........................　........................

⑩ 에이　＜A＞　　　　　　........................　........................　........................

【練習2】 発音した方に「〇」をつけてみよう。

①　ⓐ 오　　ⓑ 어　　　　②　ⓐ 오　　ⓑ 어
③　ⓐ 우　　ⓑ 으　　　　④　ⓐ 우　　ⓑ 으
⑤　ⓐ 애　　ⓑ 에　　　　⑥　ⓐ 애　　ⓑ 에

【練習3】 発音した通りに書いてみよう。

① ....　　② ....　　③ ....

④ ....　　⑤ ....　　⑥ ....

1-2　半母音1：ヤ行音

「ヤ行音」は「ア行音」に1画足して2画にしたものです。

や	ㅑ	/ya/	「ㅏ」と同じ要領で「や」	あ	ㅏ
ゆ	ㅠ	/yu/	「ㅜ」と同じ要領で「ゆ」	う	ㅜ
いぇ	ㅖ	/ye/	「ㅔ」と同じ要領で「いぇ」	え	ㅔ
	ㅒ	/yɛ~ye/	「ㅐ」と同じ要領で「いぇ」（ただ、**最近は「ㅖ」と同じように発音する者が多い**）		ㅐ
よ	ㅛ	/yo/	「ㅗ」と同じ要領で「よ」	お	ㅗ
	ㅕ	/yɔ~yə/	「ㅓ」と同じ要領で「よ」		ㅓ

　ハングルはもともと難しい漢字を読めない庶民のために、と研究に研究を重ねて人工的に作られたものですので、覚えやすいようにできています。また、覚えなければならないこともできるだけ少なくて済むようにできているのです。

【練習4】　次の単語を発音しながら、3回ずつ書いてみよう。

① 요　　＜敷布団＞　　.................... ....

② 우유　＜牛乳＞　　　.................... ....

③ 유아　＜幼児＞　　　.................... ....

④ 여우　＜きつね・女優＞　.................... ....

⑤ 여유　＜余裕＞　　　.................... ....

⑥ 예　　＜はい＞　　　.................... ....

【練習5】　発音した方に「○」をつけてみよう。

① ⓐ 요　　ⓑ 여　　　　② ⓐ 요　　ⓑ 여
③ ⓐ 애　　ⓑ 예　　　　④ ⓐ 애　　ⓑ 예

【練習6】　発音した通りに書いてみよう。

① ....　② ....　③ ....

④ ....　⑤ ....　⑥ ....

1-3　子音1：日本語にある音

次に子音のうち、日本語にもある音から見てみます。発音のしかたは日本語と同じですから、文字さえ覚えられれば特に難しいことはないでしょう。文字の覚え方は、12・13ページを参照してください。

子音＼母音		ㅏ	ㅣ	ㅜ	ㅡ	ㅐ	ㅔ	ㅗ	ㅓ
マ行 [m]	ㅁ	마	미	무	므	매	메	모	머
ナ行 [n]	ㄴ	나	니	누	느	내	네	노	너
ラ行 [r]	ㄹ	라	리	루	르	래	레	로	러
サ行 [s]	ㅅ	사	시	수	스	새	세	소	서
ハ行 [h]	ㅎ	하	히	후	흐	해	헤	호	허

【練習7】　次の単語を発音しながら、3回ずつ書いてみよう。

① 아마　　〈多分〉

② 어머　　〈あら〉

③ 무　　　〈大根〉

④ 메모　　〈メモ〉

⑤ 나　　　〈私・僕〉

⑥ 너　　　〈君〉

⑦ 아내　　〈妻〉

⑧ 나무　　〈木〉

⑨ 어머니　〈母〉

⑩ 새　　　〈鳥〉

⑪ 소　　　〈牛〉

⑫ 시내　　〈市内〉

⑬ 미소　　〈笑顔〉

⑭ 우리　　〈私たち〉

⑮ 요리　　〈料理〉

⑯ 나라　　〈国〉

⑰ 노래　　〈歌〉

⑱ 해　　　〈太陽〉

⑲ 오후　　〈午後〉

⑳ 허리　　〈腰〉

【練習8】　発音した通りにハングルで書いてみよう。

① ………………………　② ………………………　③ ………………………
④ ………………………　⑤ ………………………　⑥ ………………………
⑦ ………………………　⑧ ………………………　⑨ ………………………

平音（へいおん）（網掛け部分の発音に注意！）

子音＼母音		ㅏ	ㅣ	ㅜ	ㅡ	ㅐ	ㅔ	ㅗ	ㅓ
パ/バ行 [p/b]	ㅂ	바	비	부	브	배	베	보	버
タ/ダ行 [t/d]	ㄷ	다	디	두	드	대	데	도	더
カ/ガ行 [k/g]	ㄱ	가	기	구	그	개	게	고	거
チャ/ジャ行 [tʃ/dʑ]	ㅈ	자	지	주	즈	재	제	조	저

　韓国語に**清音**と**濁音**の区別はありません。しかし、実際に発音するときは、「ㅂ・ㄷ・ㄱ・ㅈ」は、単語のはじめ（語頭）で清音に、単語の間（2文字目以降）で濁音になります。日本語はサ行に対してザ行のペアがありますが、**韓国語の「ㅅ」は単語の間に来ても濁音になりません**。つまり、韓国語にザ行音はないのです。

　例）바보〈馬鹿〉　ⓐ [papo]　ⓑ [pabo]　ⓒ [bapo]　ⓓ [babo]

　ⓐ〜ⓓのどれで発音しても韓国人はきちんと意味を分かってくれますが、韓国人が発音したら、普通はⓑになるのです。

【練習9】　次の単語を発音しながら、3回ずつ書いてみよう。

① 그　〈その・彼〉　　………………　………………　………………

② 개　〈犬〉　　　　　………………　………………　………………

③ 구　〈九〉　　　　　………………　………………　………………

④ 가수　<歌手>　　……………………　……………………　……………………

⑤ 이거　<これ>　　……………………　……………………　……………………

⑥ 고기　<肉>　　……………………　……………………　……………………

⑦ 가게　<店>　　……………………　……………………　……………………

⑧ 다　<全部>　　……………………　……………………　……………………

⑨ 더　<もっと>　　……………………　……………………　……………………

⑩ 어디　<どこ>　　……………………　……………………　……………………

⑪ 가다　<行く>　　……………………　……………………　……………………

⑫ 사다　<買う>　　……………………　……………………　……………………

⑬ 모두　<みんな>　　……………………　……………………　……………………

⑭ 배　<船・梨・腹>　　……………………　……………………　……………………

⑮ 비　<雨>　　……………………　……………………　……………………

⑯ 보다　<見る>　　……………………　……………………　……………………

⑰ 저기　<あそこ>　　……………………　……………………　……………………

⑱ 주소　<住所>　　……………………　……………………　……………………

⑲ 자다　<寝る>　　……………………　……………………　……………………

⑳ 아버지　<父>　　……………………　……………………　……………………

【練習10】　発音した通りにハングルで書いてみよう。

①　……………………　　②　……………………　　③　……………………

④　……………………　　⑤　……………………　　⑥　……………………

⑦　……………………　　⑧　……………………　　⑨　……………………

応用 次の文字の組み合わせを発音してみよう。（網掛けの部分の発音に注意！）

子音＼半母音		ㅑ	ㅠ	ㅒ	ㅖ	ㅛ	ㅕ
マ行	ㅁ	먀	뮤	먜	몌	묘	며
ナ行	ㄴ	냐	뉴	냬	녜	뇨	녀
ラ行	ㄹ	랴	류	럐	례	료	려
サ行	ㅅ	샤	슈	섀	셰	쇼	셔
ハ行	ㅎ	햐	휴	해	혜	효	혀
パ/バ行	ㅂ	뱌	뷰	뱨	볘	뵤	벼
タ/ダ行	ㄷ	댜	듀	대	뎨	됴	뎌
カ/ガ行	ㄱ	갸	규	걔	계	교	겨
チャ/ジャ行	ㅈ	쟈	쥬	쟤	졔	죠	져

【練習 11】 次の単語を発音してみよう。

① 뉴스 〈ニュース〉 ② 아뇨 〈いいえ〉 ③ 무료 〈無料〉
④ 휴가 〈休暇〉 ⑤ 겨자 〈辛子〉 ⑥ 교수 〈教授〉
⑦ 오히려 〈むしろ〉 ⑧ 며느리 〈嫁〉 ⑨ 부랴부랴 〈あたふたと〉

第2課　文字と発音2

2-1　子音2：日本語にない音

　次に子音のうち、日本語にない音を見てみます。日本語にない子音ですから、はじめは発音するのも聞き取るのも難しいでしょうが、慣れるまで何度も練習しましょう。

激音（げきおん）　息を強く吐き出しながら発音します。（網掛けの部分の発音に注意！）

子音＼母音		ㅏ	ㅣ	ㅜ	ㅡ	ㅐ	ㅔ	ㅗ	ㅓ
パ行 [pʰ]	ㅍ	파	피	푸	프	패	페	포	퍼
タ行 [tʰ]	ㅌ	타	티	투	트	태	테	토	터
カ行 [kʰ]	ㅋ	카	키	쿠	크	캐	케	코	커
チャ行 [tʃʰ]	ㅊ	차	치	추	츠	채	체	초	처

【練習1】　次の単語を発音してみよう。

① 포도　　＜葡萄＞　　　　② 차이　　＜違い＞
③ 고추　　＜とうがらし＞　④ 커피　　＜コーヒー＞
⑤ 파티　　＜パーティー＞　⑥ 포크　　＜フォーク＞
⑦ 아파트　＜マンション＞　⑧ 스포츠　＜スポーツ＞
⑨ 아프리카 ＜アフリカ＞　　⑩ 테니스　＜テニス＞

濃音(のうおん)　息を**全く出さずに**発音します。（網掛けの部分の発音に注意！）

子音＼母音	ㅏ	ㅣ	ㅜ	ㅡ	ㅐ	ㅔ	ㅗ	ㅓ
パ行 [pˀ]	ㅃ	빠	삐	뿌	쁘	빼	뻬	뽀	뻐
タ行 [tˀ]	ㄸ	따	**띠**	**뚜**	**뜨**	때	떼	또	떠
カ行 [kˀ]	ㄲ	까	끼	꾸	끄	깨	께	꼬	꺼
サ行 [sˀ]	ㅆ	싸	씨	쑤	쓰	쌔	쎄	쏘	써
チャ行 [tʃˀ]	ㅉ	짜	찌	쭈	쯔	째	쩨	쪼	쩌

【練習2】　次の単語を発音してみよう。

① 아까 〈さっき〉　　② 쓰다 〈書く・使う〉
③ 가짜 〈にせもの〉　④ 비싸다 〈(値段が)高い〉
⑤ 아빠 〈パパ〉　　　⑥ 짜다 〈塩辛い〉
⑦ 뼈 〈骨〉　　　　　⑧ 또 〈また〉
⑨ 끄다 〈(火を)消す〉⑩ 이따가 〈あとで〉

【練習3】　音の違いに気をつけながら発音してみよう。次に、教師が発音したものに「○」をつけてみよう。

① ⓐ 비 〈雨〉　　　　ⓑ 피 〈血〉
② ⓐ 개다 〈晴れる〉　ⓑ 캐다 〈掘る〉　　ⓒ 깨다 〈覚める〉
③ ⓐ 사다 〈買う〉　　ⓑ 싸다 〈安い〉
④ ⓐ 타다 〈乗る〉　　ⓑ 따다 〈摘む〉
⑤ ⓐ 자다 〈寝る〉　　ⓑ 차다 〈冷たい〉　ⓒ 짜다 〈塩辛い〉
⑥ ⓐ 비다 〈空く〉　　ⓑ 피다 〈咲く〉　　ⓒ 삐다 〈挫く〉
⑦ ⓐ 크다 〈大きい〉　ⓑ 끄다 〈消す〉
⑧ ⓐ 지우다 〈消す〉　ⓑ 치우다 〈片付ける〉
⑨ ⓐ 도끼 〈斧〉　　　ⓑ 토끼 〈うさぎ〉
⑩ ⓐ 가치 〈価値〉　　ⓑ 까치 〈かささぎ〉

【練習4】　発音した通りにハングルで書いてみよう。

① ....　② ....　③ ....

④ ....　⑤ ....　⑥ ....

⑦ ....　⑧ ....　⑨ ....

文字の覚え方2

　韓国語の子音は、第一に、下の図に見るように、発音のしかたを形どって作られています。ですので、自分が子音をどのようにして発音しているかきちんと観察できれば、文字を思い出せるようになっているのです。

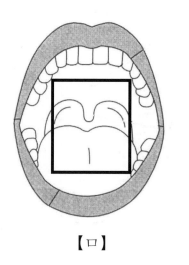 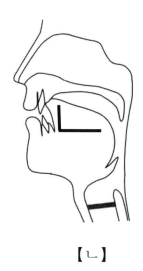

【ㅁ】　　　　　　　　　【ㄴ】

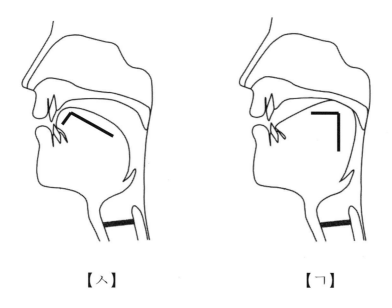

【ㅅ】　　　　　　　【ㄱ】

　韓国語の子音は、第二に、発音のしかたが似たものは、画数を加えるという原則があります。ちなみに濃音は同じ子音を二つ並べて書きます。

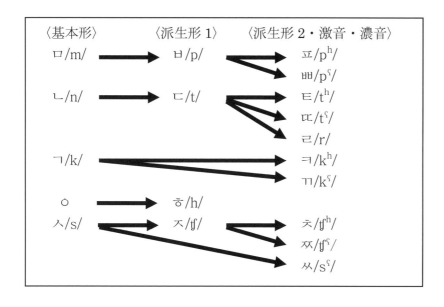

平音・激音・濃音を聞き分けるポイント

　平音・激音・濃音の三つは、日本人にとって非常に聞き分けるのが難しいと言われています。しかし、実際には聞き分けるポイントがあるので、安心してください。

　まず、単語の間（2文字目以降）に来ると、平音は濁音に変わります。しかし、<u>激音と濃音は単語の間に来ても、濁音に変わりません</u>。つまり、単語の間に来た場合に、濁音になっていればイコール平音なのです。濁音でない場合は、激音か濃音ということになりますが、それは明らかに息のでかたが違いますから（激音は「ㅎ」のような音が後ろに聞こえます）、慣れれば大丈夫です。

　次に、単語の最初に来た場合は、全て清音で聞こえますから、単語の間に来たときよりも聞き分けるのが難しいです（特に平音と濃音）。ですが、これは単語の意味さえ覚えていれば大丈夫です。例えば、「가치<価値>」と「까치<かささぎ>」を例にとると、高そうな陶磁器を目の前にして韓国人が

　　　<u>가치</u>가 있겠네요. <<u>価値</u>がありそうですね>

といったとしましょう。このとき「가치」なのか「까치」なのか聞きとれなかったとしても大丈夫です。文脈から見て、「까치」であるはずがないからです。そもそも、単語の最初の音が、平音か激音か濃音かで、意味が変わってしまうような単語のペアはそれほど多くありませんが、あったとしても、上で見たように、文脈から判断できるわけです。

　もちろん、文脈から見てどちらか分からない場合もないわけではありません。一緒に買い物をしていた韓国人が服を手に取って、

　　　이거 <u>사요</u>. <これ、<u>買います</u>>
　　　이거 <u>싸요</u>. <これ、<u>安いです</u>>

といったら、どちらなのか文脈からだけでは判断できないかもしれません。こんなときは仕方がありません。どちらか聞きとれなかったら、もう一度韓国人に何と言ったのか聞き返しましょう。恐らく、1回目よりももっと分かりやすい発音でゆっくりと言ってくれるはずです。

2-2　半母音2：ワ行音

「ワ行音」は「ア行音」の組み合わせからなります。(網掛けの部分の発音に注意！)

わ	와	[wa]	ㅗ + ㅏ	日本語の「わ」
うぃ	위	[wi]	ㅜ + ㅣ	「ㅜ」に注意しながら「うぃ」
	의	[ɯi]	ㅡ + ㅣ	「ㅡ」に注意しながら「うぃ」
うぇ	왜	[we]	ㅗ + ㅐ	日本語の「うぇ」
	웨	[we]	ㅜ + ㅔ	日本語の「うぇ」
	외	[we]	ㅗ + ㅣ	日本語の「うぇ」
うぉ	워	[wɔ~wə]	ㅜ + ㅓ	「ㅓ」に注意しながら「うぉ」

「왜・웨・외」は、文字は違いますが、発音は同じです。単語によってどのつづりを使うのか決まっています。日本語の「え」と「へ」、「お」と「を」のようなものです。

【練習5】　次の単語を発音してみよう。

① 사과　<リンゴ>　　② 과자　<菓子>　　③ 위　　<上>
④ 취미　<趣味>　　⑤ 귀　　<耳>　　　⑥ 뭐　　<何>
⑦ 왜　　<なぜ>　　⑧ 돼지　<ぶた>　　⑨ 꽤　　<かなり>
⑩ 의자　<椅子>　　⑪ 회사　<会社>　　⑫ 최고　<最高>

【練習6】　発音した通りにハングルで書いてみよう。

①　　　　　　　　　②　　　　　　　　　③
④　　　　　　　　　⑤　　　　　　　　　⑥
⑦　　　　　　　　　⑧　　　　　　　　　⑨

「ㅢ」の発音

「ㅢ」は文字通り発音すれば、[ɯi]となりますが、実際はさまざまに発音されます。

① 単語のはじめ（語頭）に来る場合 ⇒ ㅢ
　例）의미 <意味> ⇒ 文字通りに[의미]（c.f. 희다 <白い> ⇒ [히다]）
② 語中（二文字目以降）の場合 ⇒ ㅣ
　例）무늬 <模様> ⇒ [무니]
③ 助詞の「의<の>」の場合 ⇒ ㅔ
　例）나라의 <国の> ⇒ [나라에]

　ということですので、「의의의<意義の>」とあれば、実際の発音は[의이에]となるわけです。

【街中の看板を読んでみよう】

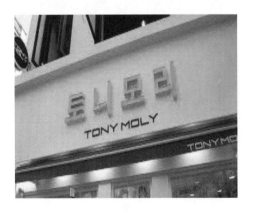

2-3 パッチム：「ん」と「っ」に類する音

韓国語には日本語の撥音「ん」と促音「っ」に相当するものがそれぞれ3種類ずつあります。また日本語にはない「[l]（エル）」で終わる発音もあります。これらの7つを合わせて「パッチム」と呼びます。

【パッチムの位置】

바 [pa] ＋ ㄴ [n] ＝ 반 [pan]

パッチムはこれまでの文字の下に書きます。

【3種類の「ん」】

ㅁ [m]	ㄴ [n]	ㅇ [ŋ]
밤 [pam] <栗・夜>	반 [pan] <半分・クラス>	방 [paŋ] <部屋>

【3種類の「っ」】

ㅂ [p]	ㄷ [t]	ㄱ [k]
밥 [pap] <ご飯>	받 [pat] <貰(う)>	박 [pak] <朴>

【[l]（エル）】

ㄹ [l]
발 [pal] <足>

日本語も普段意識をしていないだけで、実は「ん」と「っ」も3種類ずつあるのです。次の単語を、「ん」と「っ」の違いに気をつけながら、ゆっくりと発音してみましょう。

「ん」：さんぼん（三本）　さんたい（三体）　さんがい（三階）
　　　　[sambon]　　　　[santai]　　　　[saŋgai]
「っ」：いっぽん（一本）　いったい（一体）　いっかい（一階）
　　　　[ippon]　　　　　[ittai]　　　　　[ikkai]

日本人にとって聞き取るのが難しいのは特に「ㄴ」と「ㅇ」、「ㄷ」と「ㄱ」の違いでしょう。何度も練習してこの違いに慣れましょう。

【練習7】　次の単語を発音してみよう。

① 돈　＜お金＞　　② 사람　　＜人＞　　③ 공부＜勉強＞
④ 지금 ＜今＞　　⑤ 시장　＜市場＞　　⑥ 친구 ＜友だち＞
⑦ 손님 ＜お客様＞　⑧ 선생님 ＜先生＞

【練習8】　次の単語を発音してみよう。

① 수업 ＜授業＞　　② 서랍 ＜引き出し＞　③ 곧　＜すぐに＞
④ 받침 ＜パッチム＞　⑤ 대학 ＜大学＞　　⑥ 아직 ＜まだ＞
⑦ 국　＜汁＞　　　⑧ 지갑 ＜財布＞

【練習9】　次の単語を発音してみよう。

① 말　＜言葉・馬＞　② 딸　＜娘＞　　　③ 물　＜水＞
④ 얼마 ＜いくら＞　⑤ 오늘 ＜今日＞　　⑥ 얼굴 ＜顔＞
⑦ 일본 ＜日本＞　　⑧ 생일 ＜誕生日＞

【練習10】　発音したものに〇をつけてみよう。

① ⓐ 암　ⓑ 안　ⓒ 앙　　② ⓐ 암　ⓑ 안　ⓒ 앙
③ ⓐ 암　ⓑ 안　ⓒ 앙　　④ ⓐ 암　ⓑ 안　ⓒ 앙
⑤ ⓐ 암　ⓑ 안　ⓒ 앙　　⑥ ⓐ 압　ⓑ 앋　ⓒ 악
⑦ ⓐ 압　ⓑ 앋　ⓒ 악　　⑧ ⓐ 압　ⓑ 앋　ⓒ 악
⑨ ⓐ 압　ⓑ 앋　ⓒ 악　　⑩ ⓐ 압　ⓑ 앋　ⓒ 악

【練習11】　発音した通りにハングルで書いてみよう。

① _____　② _____　③ _____
④ _____　⑤ _____　⑥ _____
⑦ _____　⑧ _____　⑨ _____

第3課　文字と発音3

ハングルの中には文字通りに読まないものがあります。それをこの課では見ていきます。

3-1　パッチム単純化

「っ」に相当する音はいろいろな文字で表記されますが、実際の発音は結局「ㅂ・ㄷ・ㄱ」の3種類だけになります。

パッチムの表記	実際の発音	覚え方
ㅂ, ㅍ	ㅂ	唇を使って発音する音の系列
ㄷ, ㅌ, ㅅ, ㅆ, ㅈ, ㅊ, ㅎ	ㄷ	歯茎に舌先を当てて発音する音の系列（ㅎは例外）
ㄱ, ㅋ, ㄲ	ㄱ	口の奥を使って発音する音の系列

例) 앞 〈前〉 ⇒ [압]　팥 〈あずき〉 ⇒ [팓]　밖 〈外〉 ⇒ [박]

なぜ、発音通りに書かないのか、という疑問を持つ人もいるでしょう。その答えは3-3「連音化」にあります。

【練習1】　次の単語の下線部を、発音通りにハングルで書いてみよう。

① 옆　〈横〉　..............　② 곁　〈傍〉　..............
③ 버릇 〈癖〉　..............　④ 빛　〈光〉　..............
⑤ 있다 〈ある・いる〉　..............　⑥ 낮　〈昼〉　..............
⑦ 부엌 〈台所〉　..............　⑧ 겪다 〈経験する〉　..............
⑨ 끝　〈終わり〉　..............　⑩ 그것 〈それ〉　..............
⑪ 몇　〈いくつ・何〉　..............　⑫ 놓치다 〈逃す〉　..............

ハングルで日本語を表記する

清音　(「す」と「つ」に注意)

あ	い	う	え	お
아	이	우	에	오
か	き	く	け	こ
가(카)	기(키)	구(쿠)	게(케)	고(코)
さ	し	す	せ	そ
사	시	**스**	세	소
た	ち	つ	て	と
다(타)	지(치)	**쓰**	데(테)	도(토)
な	に	ぬ	ね	の
나	니	누	네	노
は	ひ	ふ	へ	ほ
하	히	후	헤	호
ま	み	む	め	も
마	미	무	메	모
や		ゆ		よ
야		유		요
ら	り	る	れ	ろ
라	리	루	레	로
わ		を		ん
와		오		ㄴ

【注意事項】
① 濁音のペアをもつ清音の欄にある(　　)は、語中(2文字目)以降で使います。
　　例) 가고시마 <鹿児島>, 후쿠오카 <福岡>
② 撥音の「ん」は「ㄴ」、促音の「っ」は「ㅅ」で表記します。
　　例) 운젠 <雲仙>, 벳푸 <別府>
③ 長音は表記しません。例) 규슈 <九州>, 오이타 <大分>

濁音・半濁音・拗音 (「ざ行音」と「づ」に注意)

が	ぎ	ぐ	げ	ご
가	기	구	게	고
ざ	じ	ず	ぜ	ぞ
자	**지**	**즈**	**제**	**조**
だ	ぢ	づ	で	ど
다	지	**즈**	데	도
ば	び	ぶ	べ	ぼ
바	비	부	베	보
ぱ	ぴ	ぷ	ぺ	ぽ
바(파)	비(피)	부(푸)	베(페)	보(포)
きゃ		きゅ		きょ
갸(캬)		규(큐)		교(쿄)
ぎゃ		ぎゅ		ぎょ
갸		규		교
しゃ		しゅ		しょ
샤		슈		쇼
じゃ		じゅ		じょ
자		주		조
ちゃ		ちゅ		ちょ
자(차)		주(추)		조(초)
にゃ		にゅ		にょ
냐		뉴		뇨
ひゃ		ひゅ		ひょ
햐		휴		효
みゃ		みゅ		みょ
먀		뮤		묘
りゃ		りゅ		りょ
랴		류		료

【練習2】　次の固有名詞をハングルで表記してみよう。

① 長崎　............................　② 佐賀　............................
③ 宮崎　............................　④ 熊本　............................
⑤ 千葉　............................　⑥ 京都　............................
⑦ 東京　............................　⑧ 日光　............................
⑨ 札幌　............................　⑩ 五島　............................
⑪ 仙台　............................　⑫ 対馬　............................
⑬ 豊臣秀吉　..
⑭ 徳川家康　..
⑮ 伊藤博文　..
⑯ 安部晋三　..
⑰ 小泉純一郎　..
⑱ (自分の名前)　..

3-2　二重パッチムの単純化

パッチムは二つ並べて書くことがあります。しかし、この場合、右か左のどちらか一つを読みます。

ㄵ	ㄶ	ㄼ	ㄽ	ㄾ	ㅀ	ㄳ	ㄺ	ㄻ	ㄿ	ㅄ
ㄴ		ㄹ				ㄱ	ㅁ	ㅍ	ㅂ

例）값 <値段> ⇒ [갑]（×갃)

【覚え方1】
　優先順位は 「ㄴ・ㅁ ＞ ㄱ ＞ ㅍ ＞ ㄹ ＞ ㅂ ＞ ㅅ・ㅈ・ㅌ・ㅎ」
【覚え方2】
　とりあえず「ㄴ・ㄹ・ㄱ」を読む。ただし、「ㄻ・ㄿ・ㅄ」は例外とする。

なぜ、発音通りに書かないのか、という疑問を持つ人もいるでしょう。その答えは 3-3「連音化」にあります。

【練習 3】　次の単語の下線部を、発音通りにハングルで書いてみよう。

① 낡다 <古い>　............　② 굶다 <飢える>　............
③ 넓다 <広い>　............　④ 없다 <ない>　............
⑤ 까닭 <わけ>　............　⑥ 앉다 <座る>　............
⑦ 여덟 <八つ>　............　⑧ 흙 <土>　............
⑨ 넋 <魂>　............　⑩ 옮기다 <移す>　............

3-3　連音化

パッチム（「ん（ㅁ・ㄴ・ㅇ）」、「っ（ㅂ・ㄷ・ㄱ）」「ㄹ」）の後に母音が来たら、続けて読みます。

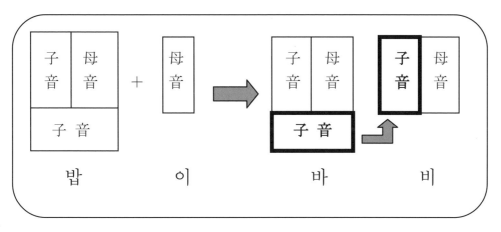

パッチムは二つある場合は、右側のパッチムのみが移動します。

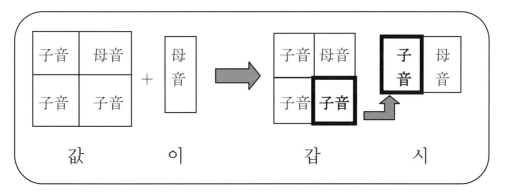

このルールは、例えば英語で「an apple」を発音したら「a napple」になるのと全く同じ原理です。重要なことは書く時は「an apple」でなければならないということです。

【練習4】　次の単語の発音を、発音通りにハングルで書いてみよう。

例)　음악　<音楽>　　　　으막
① 한국어 <韓国語>　…………　② 일본어 <日本語>　…………
③ 일요일 <日曜日>　…………　④ 꽃이　 <花が>　…………
⑤ 부엌에 <台所に>　…………　⑥ 셋이서 <3人で>　…………
⑦ 밑에　 <下に>　…………　⑧ 앞으로 <今後>　…………
⑨ 읽어요 <読みます>　…………　⑩ 넓어요 <広いです>　…………
⑪ 젊어요 <若いです>　…………　⑫ 앉아요 <座ります>　…………

3-4　鼻音化1

　「っ（ㅂ・ㄷ・ㄱ）」の後に、「ㅁ」か「ㄴ」が来たら、「っ（ㅂ・ㄷ・ㄱ）」はそれぞれ「ん（ㅁ・ㄴ・ㅇ）」に変わります。

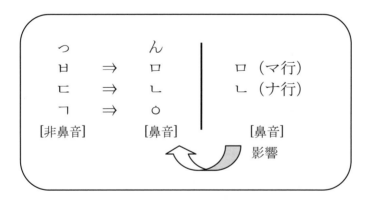

例)　**입**문 <入門> ⇒ [**임**문]　박물관 <博物館> ⇒ [**방**물관]

　日本語も「っ」のあとに「マ行」「ナ行」が来る単語は一つもありませんから、この発音のしにくさを避けるのは、韓国語に限ったことではないようです。

【練習 5】　次の単語の発音を、発音通りにハングルで書いてみよう。

① 십만　　<十万>　　..................　② 만며느리 <長男の嫁>　..................
③ 작년　　<昨年>　　..................　④ 혁명　　<革命>　..................
⑤ 거짓말 <嘘>　　..................　⑥ 앞날　　<後日>　..................
⑦ 젖니　　<乳歯>　　..................　⑧ 겉모양　<外見>　..................

3-5　ㅎの弱化

ㅎが語中（2文字目以降）に来たら、母音と同じように発音します（ただし、3-6で見る「激音化」になる場合は除きます）。

例) 안녕**하**세요? <こんにちは> ⇒ [안녕**아**세요]

【練習 6】　次の単語の発音を、発音通りにハングルで書いてみよう。

① 좋아요 <いいです>　..................　② 영화　　<映画>　..................
③ 안녕히 <元気に>　..................　④ 인형　　<人形>　..................
⑤ 문학　　<文学>　..................　⑥ 은행　　<銀行>　..................
⑦ 많이　　<たくさん>　..................　⑧ 싫어해요 <嫌いです>　..................

3-6　激音化

「ㅂ・ㄷ・ㄱ・ㅈ」と「ㅎ」が隣り合ったら、「ㅂ・ㄷ・ㄱ・ㅈ」は「ㅍ・ㅌ・ㅋ・ㅊ」になります。

```
ㅂ ＋ ㅎ （ㅎ ＋ ㅂ）⇒ ㅍ
ㄷ ＋ ㅎ （ㅎ ＋ ㄷ）⇒ ㅌ
ㄱ ＋ ㅎ （ㅎ ＋ ㄱ）⇒ ㅋ
ㅈ ＋ ㅎ （ㅎ ＋ ㅈ）⇒ ㅊ
```

例) 입학 <入学> ⇒ [이**팍**]（×이박）　특히 <特に> ⇒ [트**키**]（×트기）

【練習7】 次の単語の発音を、発音通りにハングルで書いてみよう。

① 법학　　　<法学>　　………………　② 백화점　<百貨店>　………………
③ 맞히다　　<当てる>　………………　④ 좋다　　<よい>　　………………
⑤ 이렇게　　<このように>………………　⑥ 옳지　　<よし!>　………………
⑦ 괜찮다　　<大丈夫だ>………………　⑧ 비슷해　<似ている>………………

ㅎという音

ここまで見てきた「ㅎ[h]」を整理してみましょう。

ㅎの出現位置			実際の発音	例
単語のはじめ			文字通り、[h]で発音する	하다
単語の間	ㅎ弱化	母音間	[h]がなくなる	좋아요[조아요]
		ㅁ・ㄴ・ㅇ・ㄹと隣接		함흥[하뭉]
				은행[으냉]
				안녕히[안녕이]
				실험[시럼]
	激音化	ㅂと隣接	[h]はなくなり、ㅂがㅍに変わる	입학[이팍]
		ㄷ(ㅅ*)と隣接	[h]はなくなり、ㄷ(ㅅ)がㅌに変わる	좋다[조타]
				깨끗하다[깨끄타다]
		ㅈと隣接	[h]はなくなり、ㅈがㅊに変わる	맞히다[마치다]
				그렇지만[그러치만]
		ㄱと隣接	[h]はなくなり、ㄱがㅋに変わる	특히[트키]
				좋고[조코]

　上の表から分かることは、韓国語において、実際発音される[h]という音は単語のはじめにしか来ないということです。単語の間に来た「ㅎ」は激音化を引き起こす引き金になったりすることはあっても、実際に[h]で発音されることはないのです。単語のはじめにしか[h]が来ないなんて、一見、不思議な現象のようにも見えますが、実は英語も同じなのですよ。

　*「ㅎ+ㅅ」の連続は「濃音化」というまた別の変化が起こります。
　　例）좋습니다 ⇒ [조씀니다]

3-7　流音化

「ㄹ」と「ㄴ」が隣り合ったら、「ㄹㄹ」になります（ただし、一部の単語や方言では「ㄴㄴ」になることもあります）。

```
ㄹ ＋ ㄴ ⇒ ㄹㄹ
ㄴ ＋ ㄹ ⇒ ㄹㄹ
```

例）　설날 <元日> ⇒ [설랄]　　권리 <権利> ⇒ [궐리]

【練習8】　次の単語の発音を、発音通りにハングルで書いてみよう。

① 실내　　<室内>　…………………　② 본래　　　<本来>　…………………
③ 오늘날　<今日>　…………………　④ 연락　　　<連絡>　…………………
⑤ 원래　　<元来>　…………………　⑥ 편리하다　<便利だ>　………………
⑦ 전라도　<全羅道>　………………

3-8　鼻音化2

パッチム（ㄴとㄹを除く）のあとに、「ㄹ」が来たら、その「ㄹ」は「ㄴ」に変わります（パッチムが「ㄴ」の場合は3-7「流音化」を参照）。

```
《パッチムが「ん」の場合》
ㅁ＋ㄹ ⇒ ㅁ＋ㄴ
ㅇ＋ㄹ ⇒ ㅇ＋ㄴ
```

例）　심리학 <心理学> ⇒ [심니학]　　명령 <命令> ⇒ [명녕]

パッチムが「っ」の場合は、もう少し複雑になります。

```
《パッチムが「っ」の場合》
 ㅂ・ㅍ              ＋ㄹ ⇒ ㅁ＋ㄴ
 ㄷ・ㅌ・ㅅ・ㅆ・ㅈ・ㅊ・ㅎ ＋ㄹ ⇒ ㄴ＋ㄴ
 ㄱ・ㅋ・ㄲ           ＋ㄹ ⇒ ㅇ＋ㄴ
```

例）　합리적 <合理的> ⇒ [함니적]　　독립 <独立> ⇒ [동닙]

【練習9】　次の単語の発音を、発音通りにハングルで書いてみよう。

① 능력　　＜能力＞　　..................　② 대통령　＜大統領＞　..................
③ 음료수＜飲料水＞　..................　④ 확률　　＜確率＞　..................
⑤ 입력　　＜入力＞　　..................　⑥ 협력　　＜協力＞　..................
⑦ 북로　　＜北路＞　　..................　⑧ 핫라인＜ホットライン＞..................

3-9　濃音化

パッチム「ㅂ・ㄷ・ㄱ・ㅅ・ㅈ・ㅍ・ㅌ・ㅋ・ㅊ・ㅆ・ㄲ」（＝「っ」に相当するものたち）の後に、「ㅂ・ㄷ・ㄱ・ㅅ・ㅈ」が来たら、「ㅂ・ㄷ・ㄱ・ㅅ・ㅈ」はそれぞれ「ㅃ・ㄸ・ㄲ・ㅆ・ㅉ」になります（＝**濁音に変わりません**）。

例）가깝다　＜近い＞　⇒　[가깝따]
　　듣다　　＜聞く＞　⇒　[듣따]
　　국가　　＜国家＞　⇒　[국까]

日本語も「っ」のあとに濁音が来る単語は（特に固有語には）ありませんから、この発音のしにくさを避けるのは、韓国語に限ったことではないようです。

【練習10】　次の単語の発音を、発音通りにハングルで書いてみよう。

① 국수　＜韓国式うどん＞　..................　② 맥주　　＜ビール＞　..................
③ 받다　＜貰う・受け取る＞..................　④ 있다　　＜ある・いる＞..................
⑤ 젓가락＜箸＞　　　　　　..................　⑥ 맞다　　＜そうだ!＞..................
⑦ 옆집　＜隣の家＞　　　　..................　⑧ 맡기다＜預ける・任せる＞..................

3-10　ㄴ挿入

パッチムのあとに「ㅣ・ㅑ・ㅕ・ㅛ・ㅠ」で始まる語が来たら、「ㅣ・ㅑ・ㅕ・ㅛ・ㅠ」はそれぞれ「ㄴㅣ・ㄴㅑ・ㄴㅕ・ㄴㅛ・ㄴㅠ」になる<u>ことがあります</u>。

例）웬일　　＜何事＞　　⇒　[웬닐]　（×웨닐）
　　부산역＜釜山駅＞　⇒　[부산녁]（×부사녁）

「ㄹ」パッチムのあとでは、さらに 3-7 の「流音化」も同時に起こります。

例) 볼일 <用事>　⇒　[볼닐]　⇒　[볼릴]（×보릴）
　　　　　　　　　(ㄴ挿入)　　(流音化)

【練習 11】　次の単語の発音を、発音通りにハングルで書いてみよう。

① 큰일　　　<大事>　　_____　② 그럼요　<それじゃあね>　_____
③ 무슨 요일 <何曜日>　_____　④ 두통약　<頭痛薬>　_____
⑤ 그림엽서 <絵葉書>　_____　⑥ 서울역　<ソウル駅>　_____
⑦ 물약　　　<水薬>　　_____　⑧ 정말요? <本当ですか?>　_____
⑨ 나뭇잎　　<木の葉>　_____

　上のように「ㄴ」が挿入されるのは、原則として、二つ以上の単語の間や複合語の場合です。したがって、一つの単語（だと韓国人が思っている語）の内部で「ㄴ」は入りません。

例) 석유　　<石油>　　　⇒ [서규]　（×성뉴）
　　목요일　<木曜日>　　 ⇒ [모교일]（×몽뇨일）
　　김연경　<金連璟(人名)> ⇒ [기면경]（×김녀경）

3-11　口蓋音化

　パッチム「ㄷ・ㅌ」の後に母音「이」「여」が来たら、続けて発音（連音化）するときに、「ㄷ・ㅌ」は「ㅈ・ㅊ」に変わります。

例) 굳이　 <敢えて>　 ⇒ [구지]　（×구디）
　　같이　 <一緒に>　 ⇒ [가치]　（×가티）
　　붙여요 <つけます> ⇒ [부쳐요]（×부텨요）

【練習 12】　次の単語の発音を、発音通りにハングルで書いてみよう。

① 해돋이 <日の出>　_____　② 붙이다 <つける>　_____
③ 끝이　 <終わりが>　_____　④ 닫혀요 <閉まります>　_____

제 4 과 제 이름은 다나카 아야입니다.

> 目標
> ① 基本的な自己紹介ができるようになる。
> ② 物の名前や場所を尋ねることができる。

아야: 안녕하세요? 제 이름은 다나카 아야입니다.
지민: 안녕하세요? 저는 이지민이에요. 한국
　　　유학생이에요.
아야: 지민 씨 고향이 어디입니까?
지민: 부산이에요. 아야 씨는요?
아야: 제 고향은 나가사키입니다.
지민: 아야 씨 전공이 뭐예요?
아야: 한국어입니다. 그런데 이분이 누구입니까?
지민: 아, 제 친구예요.
승기: 안녕하십니까? 저는 박승기라고 합니다.
　　　만나서 반갑습니다.

【発音】
안녕하세요[안녕아세요]　　아야 씨는요[아야씨는뇨]
이름은[이르믄]　　　　　　한국어[한구거]
입니다[임니다]　　　　　　이분이[이부니]
이지민이에요[이지미니에요]　안녕하십니까?[안녕아심니까]
입니까[임니까]　　　　　　합니다[함니다]
부산이에요[부사니에요]　　반갑습니다[반갑씀니다]

【単語】

안녕하세요?	こんにちは	전공	専攻
제	私の	뭐(<무엇)	何
이름	名前	한국어	韓国語
저	私	그런데	ところで
한국	韓国	이분	こちらの方
유학생	留学生	누구	だれ
씨	さん	친구	友だち
고향	故郷・出身地	안녕하십니까?	こんにちは
어디	どこ		

文法練習

4-1 「는/은 <は>」と「가/이 <が>」

韓国語には日本語と同じような「は」と「が」の使い分けがあります。ただ、韓国語の「は」と「が」は、母音で終わる語につける場合と子音で終わる語につける場合とで形が変わります。

は	는	母音で終わる語に (単語の最後にパッチムがない)	例) 저 <私> ⇒ 저는 <私は>
	은	子音で終わる語に (単語の最後にパッチムがある)	例) 이름 <名前> ⇒ 이름은 <名前は>

が	가	母音で終わる語に (単語の最後にパッチムがない)	例) 친구 <友だち> ⇒ 친구가 <友だちが>
	이	子音で終わる語に (単語の最後にパッチムがある)	例) 고향 <故郷> ⇒ 고향이 <故郷が>

韓国語の「는/은」・「가/이」と日本語の「は」・「が」の使い方はだいたい同じなのですが、全く同じではありませんから注意が必要です。例えば、後ろに疑問詞(어디<どこ>、누구<だれ>、무엇(뭐)<何>、언제<いつ>など)などが来る場合、日本語は「は」しか言えませんが、韓国語は「が」も言えます。

例) ① 고향이 어디예요?　<出身地はどちらですか?>
　　② 생일이 언제예요?　<誕生日はいつですか?>
　　③ 이게 뭐예요?　　　<これは何ですか?>

【練習1】　「는/은」のうち、正しい方に「○」をつけてみよう。

① 한국 사람{는/은} <韓国人は>　　② 선생님{는/은} <先生は>
③ 다나카 씨{는/은} <田中さんは>　　④ 교과서{는/은} <教科書は>
⑤ 서울{는/은} <ソウルは>　　　　　⑥ 택시{는/은} <タクシーは>
⑦ 맥주{는/은} <ビールは>　　　　　⑧ 노트북{는/은} <ノートパソコンは>

【練習 2】　「가/이」のうち、正しい方に「○」をつけてみよう。

① 한국 사람{가/이}　　<韓国人が>　　② 선생님{가/이}　　<先生が>
③ 다나카 씨{가/이}　　<田中さんが>　　④ 교과서{가/이}　　<教科書が>
⑤ 서울{가/이}　　　　<ソウルが>　　⑥ 택시{가/이}　　　<タクシーが>
⑦ 맥주{가/이}　　　　<ビールが>　　⑧ 노트북{가/이}　　<ノートパソコンが>

4-2　指示詞（コ・ソ・ア・ド）

이<この>	그<その>	저<あの>	어느<どの>
이것(이거)<これ>	그것(그거)<それ>	저것(저거)<あれ>	어느 것(어느 거)<どれ>
이쪽<こっち>	그쪽<そっち>	저쪽<あっち>	어느 쪽<どっち>
이분<こちらの方>	그분<そちらの方>	저분<あちらの方>	어느 분<どなた>
여기<ここ>	거기<そこ>	저기<あそこ>	어디<どこ>

　日本語の「コソア」と韓国語の「이・그・저」の使い方は、目の前に見える物を指す場合は同じですが、話題に挙がっているもの（目の前にないもの）を指す場合は違い、日本語の「ア」が韓国語で「그」になります。

　例) ① 그때 <あの時>　② 그 사람들 <あの人たち>

　「이것<これ>, 그것<それ>, 저것<あれ>」に「은<は>」や「이<が>」をつける場合、話しことばでは形が変わって、短くなります。

書きことば	話しことば	書きことば	話しことば	書きことば	話しことば
이것은 ➡	이건	그것은 ➡	그건	저것은 ➡	저건
이것이 ➡	이게	그것이 ➡	그게	저것이 ➡	저게

　ちなみに、「저<私>, 나<私・僕>, 너<君・お前>」に「가<が>」をつける場合も不規則な形になります。

【人称代名詞】

		〜が		〜の
1人称	저< 私 >(丁寧)	제가<私が> ⇐ ×저가		제<私の>
	나< 私 >(普通)	내가<私が> ⇐ ×나가		내<私の>
2人称	너<君>	네가<君が> ⇐ ?너가		네<君の>

↑参考までに

＊「내가」と「네가」は発音が同じように聞こえるので、最近は「네가」を「니가」と言う人もいます。

4-3　名詞＋입니다/입니까?, 예요/이에요 ＜です・ですか＞

「AはBです」というときの「です」、「AはBですか?」というときの「ですか?」に相当する表現です。

	丁寧形1	丁寧形2
〜です	입니다	예요/이에요＊
〜ですか?	입니까?	

丁寧形1は名詞にそのまま「입니다」をつければよいです。最後の「다」を「까」に変えて「입니까」とすれば「〜ですか?」と相手に尋ねる文になります。

例）① 고향이 어디**입니까**? ＜故郷はどこですか?＞　나가사키**입니다**. ＜長崎です＞
　　② 고등학생**입니까**?　　＜高校生ですか?＞　　대학생**입니다**.　＜大学生です＞

＊丁寧形2の作り方

예요	母音で終わる語に (単語の最後にパッチムがない)	例) 친구<友だち> ⇒친구**예요**<友だちです>
이에요	子音で終わる語に (単語の最後にパッチムがある)	例) 부산<釜山> ⇒부산**이에요**<釜山です>

丁寧形2「예요/이에요」は、母音で終わる語には「예요」、子音で終わる語には「이에요」をつけて作ります。母音で終わる語につく「예요」を「에요」と、子音で終わる語につく「이에요」を「이예요」というふうに逆に書いてしまう人が（必ずや）いますので、注意してください。

また、丁寧形2は最後を上げて発音すれば疑問文になります。

例) ① 고향이 어디**예요**? <故郷はどこですか?> ― 나가사키**예요**.<長崎です>
　　② 고등학생**이에요**? <高校生ですか?> ― 대학생**이에요**.<大学生です>

【練習3】 「예요/이에요」のうち、正しい方に「○」をつけてみよう。

① 한국 사람{예요/이에요} <韓国人です/ですか?>
② 선생님{예요/이에요} 　<先生です/ですか?>
③ 다나카 씨{예요/이에요} <田中さんです/ですか?>
④ 교과서{예요/이에요} 　<教科書です/ですか?>
⑤ 서울{예요/이에요} 　　<ソウルです/ですか?>
⑥ 택시{예요/이에요} 　　<タクシーです/ですか?>
⑦ 맥주{예요/이에요} 　　<ビールです/ですか?>
⑧ 노트북{예요/이에요} 　<ノートパソコンです/ですか?>

このように、韓国語には丁寧形が2種類あります。丁寧形ですから、原則として目上の人と話すときに使う、というのは日本語と同様です。丁寧形1と2は日本語に翻訳すると共に「〜です・〜ですか」となってしまうのですが、この二つは**丁寧度**が違います。丁寧形1は「**より丁寧**」、丁寧形2は「**普通に丁寧**」な形なのです。この二つの丁寧形を使う対象や場面は、だいたい以下に挙げる通りです。

丁寧形1（합니다体）	丁寧形2（해요体）
・ほとんど親しみがない人に対して ・年齢差がとてもある人（同じ目上でもより立場が上の人（社長、部長、学長、教授など））に対して ・不特定多数の前で話すとき（ニュースキャスター、演説、プレゼンテーションなど） ・軍隊生活の中で	・目上の人だが、ある程度親しみがある人（先輩などあまり年齢差がない人など）に対して ・同い年で親しみがあまりない相手に対して（⇒親しみがあればため口を用いる）

4-4 (이)라고 합니다 〈～と言います・～と申します〉

「라고/이라고」は「と」(ただし、「AとB」というときのandの意味の「と」ではありません)、「합니다」は「言います・申します」という意味です。「라고」は母音で終わる語、「이라고」は子音で終わる語につけます。

母音で終わる (単語の最後にパッチムがない) 語に	라고	합니다
子音で終わる (単語の最後にパッチムがある) 語に	이라고	

例) ① 박승기**라고 합니다**.　　〈朴承基と申します〉
　　② 이지민**이라고 합니다**.　〈李知民と申します〉

「합니다」の最後の「다」を「까」に変えて「합니까?」とすれば「言いますか?」と相手に尋ねる文になります。

例) 이거 뭐**라고 합니까**?　　　〈これは(韓国語で)何と言いますか?〉
　　― 이건 '비누'**라고 합니다**.　〈これは「石鹸」と言います〉

【練習4】 次の名詞に「라고/이라고 합니다〈～と言います〉」をつけて質問に答えてみよう。

問い　이거 (한국말로) 뭐라고 합니까? 〈これは(韓国語で)何と言いますか?〉

① 지우개　〈消しゴム〉　　② 연필　　〈鉛筆〉
③ 볼펜　　〈ボールペン〉　④ 교과서　〈教科書〉
⑤ 필통　　〈筆箱〉　　　　⑥ 자　　　〈定規〉

| 読解練習 |

1. 次の文を日本語に直してみよう。

   ① 안녕하세요?
   ② 나는 다나카 아야예요.
   ③ 저는 다나카 아야라고 합니다.
   ④ 제 이름은 박승기입니다.
   ⑤ 내 이름은 이지민이에요.
   ⑥ 지민 씨 고향이 어디입니까? — 내 고향은 부산이에요.
   ⑦ 저는 서울 사람입니다.
   ⑧ 롯데백화점은 어느 쪽이에요? — 저쪽이에요.
   ⑨ 제 것은 어느 것이에요?
   ⑩ 저 건물이 뭐예요? — 역사박물관이에요.

   【単語】백화점<デパート> 건물<建物> 역사박물관<歴史博物館>

2. 次の文章を読んで、下の問いに答えてみよう。

   안녕하십니까? 저는 박승기라고 합니다. 한국 유학생입니다. 제 고향은 서울입니다. 전공은 일본어입니다. 만나서 반갑습니다. 앞으로 잘 부탁합니다.

   【問い】① 自己紹介をしている人の名前は何ですか。
   　　　 ② その人の故郷（出身地）はどこですか。
   　　　 ③ その人の専攻は何ですか。

	作文練習	

1.　次の文を韓国語に直してみよう。

　　① こんにちは。
　　② お名前は何ですか?
　　③ 私は〇〇△△(自分の名前)です。
　　④ 私は〇〇△△(自分の名前)と申します。
　　⑤ 私の名前は〇〇△△です。
　　⑥ 銀行(은행)はどこですか?
　　⑦ 私は大学生です。
　　⑧ 私の故郷は長崎です。
　　⑨ そちらの方は誰ですか?―私の友だちです。
　　⑩ この友人の故郷は熊本です。

2.　(　　　　)を埋めて、自己紹介文を作ってみよう。

　　여러분 안녕하세요?
　　제 이름은 (　　　　　　　　)예요/이에요.
　　고향은 (　　　　　　　)예요/이에요.
　　전공은 (　　　　　　　)예요/이에요.
　　취미는 (　　　　　　　)예요/이에요. 잘 부탁합니다.

3.　「指示詞」と「名詞」の中にある単語を組み合わせて、「AはBです(か?)」
　　の文を自由にできる限りたくさん作ってみよう。

　　例) 이것{는/은} 오이 김치{예요/이에요}. <これはきゅうりキムチです>

【指示詞】
이　그　저　어느
이것　그것　저것　어느 것
이분　그분　저분　어느 분
여기　거기　저기　어디

【名詞】
김치　커피　오이　무<大根>　책<本>　노래<歌>
요리<料理>　선생님<先生>　어머니<母>　사람
친구　한국　한국어　일본　일본어　나라<国>
나가사키　부산　대학　은행<銀行>　시장<市場>
백화점<デパート>　지금<今>

| 会話練習 |

1. 単語を入れ替えながら例のように話してみよう。[ペ]

   例) 가: 로버트 씨는 어느 나라 사람이에요?
      나: 미국 사람이에요.

   > 国名や地名を韓国語で書いてみよう。

| 로버트< 미국 > | 테이< > | 승기< > | 아야< > | 自由に< > |

【나라<国>】
한국 일본 중국 대만 북한 말레이시아 필리핀 태국 베트남 미얀마 몽골 인도 네팔 미국 캐나다 브라질 영국 프랑스 독일 스페인 이탈리아 그리스 네덜란드 러시아

2. 相手の名前と出身地を聞いてみよう。[グ]

   例) 준이치: 안녕하세요? 저는 야마다 준이치(이)라고 합니다.
      아 야: 안녕하세요? 저는 다나카 아야(이)라고 합니다.
      준이치: 아야 씨 고향이 어디예요?
      아 야: 나가사키예요. 준이치 씨는요?
      준이치: 저는 구마모토예요.

준이치 씨	아야 씨	씨	씨	씨
구마모토	나가사키			
씨	씨	씨	씨	씨

3. 相手の専攻を聞いてみよう。［グ］

例) 가: 전공이 뭐예요?
　　 나: 제 전공은 한국어예요/이에요.

```
┌─────────────────────────────────────────────────────┐
│                    【전공<専攻>】                    │
│   한국어<韓国語>  일본어<日本語>  영어<英語>  중국어<中国語>   │
│   독일어<ドイツ語>  프랑스어<フランス語>  스페인어<スペイン語>  │
│   일본문화<日本文化>  일본어교육<日本語教育>  일본문학<日本文学>  │
│   국제커뮤니케이션<国際コミュニケーション>  종교학<宗教学>  예술학<芸術学>  │
│   미술학<美術学>  역사학<歴史学>  고고학<考古学>  문화인류학<文化人類学>  │
│   민속학<民俗学>  법학<法学>  정치학<政治学>  경제학<経済学>  금융론<金融論>  │
│   경영학<経営学>  회계학<会計学>  상학<商学>  사회학<社会学>  심리학<心理学>  │
│   교육학<教育学>  간호학<看護学>  사회복지학<社会福祉学>  아동보육학<児童保育学>  │
│         정보학<情報学>  지리학<地理学>  관광학<観光学>         │
└─────────────────────────────────────────────────────┘
```

이름:
전공:

나<私>

이름:
전공:

친구 1<友だち 1>

이름:
전공:

친구 2<友だち 2>

이름:
전공:

친구 3<友だち 3>

4. 相手の趣味を聞いてみよう。［グ］

 例) 가: 취미가 뭐예요?
   나: 독서예요. _____씨는요?
   가: 음악감상이에요.

```
【취미<趣味>】
독서<読書>  음악감상<音楽鑑賞>  영화감상<映画鑑賞>  쇼핑<買い物>
여행<旅行>  요리<料理>  노래<歌>  인터넷<インターネット>  게임<ゲーム>
만화<漫画>  테니스<テニス>  축구<サッカー>  야구<野球>  탁구<卓球>
당구<ビリヤード>  배구<バレーボール>  농구<バスケットボール>
조깅<ジョギング>  수영<水泳>  댄스<ダンス>  드라이브<ドライブ>
낚시<釣り>  등산<登山>  장기<将棋>  바둑<囲碁>  산책<散歩>
```

	친구 1	친구 2	친구 3	친구 4
취미				

5. みんなの前で友だちのことを紹介してみよう。［ス］

名　前 : 이지민
出身地 : 부산
専　攻 : 일본문화
趣　味 : 독서

例)
이분은 이지민 씨입니다.
지민 씨는 한국 유학생입니다.
고향은 부산입니다.
전공은 일본문화입니다.
취미는 독서입니다.

6. 単語を入れ替えながら例にならって話してみよう。[ペ]

【例1】

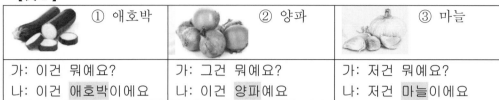

① 애호박	② 양파	③ 마늘
가: 이건 뭐예요?	가: 그건 뭐예요?	가: 저건 뭐예요?
나: 이건 애호박이에요	나: 이건 양파예요	나: 저건 마늘이에요

【例2】

가: 이건 한국말로 뭐라고 합니까?
나: 가지(이)라고 합니다.
　　그럼, 일본말로는 뭐라고 합니까?
가: 나스(なす)라고 합니다.

【単語】한국말로<韓国語で>　일본말로<日本語で>

【채소<野菜>】

고구마	깻잎	가지	양배추	오이
호박	당근	고추	상추	무
시금치	피망	파	배추	감자

【빙고게임<ビンゴゲーム>】

ルール ① 「가」か「나」のどちらかを選ぶ。
② 教師が発音したものに「○」をつける（聞きとれない、意味が分からない場合は「○」をつけられない）。
③ 縦・横・ななめ、いずれかがそろったら「빙고」と叫ぶ。
④ 教師がチェックして合っていたらその人の勝ち。
（注意）教師は下の図にない単語を発音することがあります。

<가>

<나>

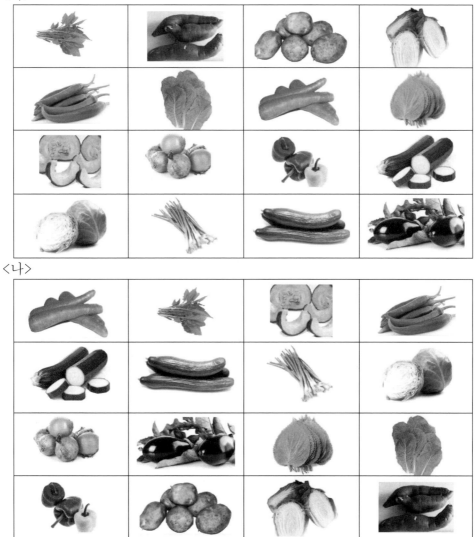

聴解練習

1. 次の( )に聞こえたことばを書き込んでみよう。　　　　　　　CD1

    ① 제 이름(　　　) 박승기(　　　　　　　).
    ② 저(　　　) 이지민(　　　　　　　　).
    ③ 고향(　　　) 어디(　　　　　　　)?
    ④ 취미(　　　) 뭐(　　　　　　)?
    ⑤ 등산(　　　　　　).

2. 会話文を聞いて、その答えをⓐ～ⓒの中から選んでみよう。　　CD2

    ① ⓐ 長崎　　　ⓑ 福岡　　　ⓒ 熊本
    ② ⓐ サッカー　ⓑ 野球　　　ⓒ テニス
    ③ ⓐ 韓国語　　ⓑ 日本語　　ⓒ 中国語
    ④ ⓐ 中国人　　ⓑ アメリカ人　ⓒ 韓国人

3. 自己紹介文を聞いて、下の問いに答えてみよう。　　　　　　　CD3

    【問い】① 自己紹介をしている人の名前は何ですか?
    　　　　② その人の出身地（故郷）はどこですか?
    　　　　③ その人の専攻は何ですか?
    　　　　④ その人の趣味は何ですか?

【街中の看板】

제 5 과 제 고향은 나가사키가 아니에요.

> 目標
> 第 4 課に引き続き、自己紹介で使える表現を増やす。

아　야: 이쪽은 내 친구 준이치예요.
준이치: 안녕하세요? 저는 야마다 준이치라고 합니다.
승　기: 안녕하십니까? 저는 박승기입니다. 준이치 씨 고향도 나가사키입니까?
준이치: 아뇨, 제 고향은 나가사키가 아니에요.
승　기: 나가사키가 아닙니까?
준이치: 네, 구마모토예요.
　　　　그런데 승기 씨도 부산 사람이에요?
승　기: 아뇨, 제 고향은 부산이 아니라 서울입니다.

【発音】
이쪽은[이쪼근]　　　사람이에요[사라미에요]
입니까[임니까]　　　서울입니다[서우림니다]
아닙니까[아님니까]

【単語】
이쪽	こちら	아뇨	いいえ
내	私の・僕の	네	はい
친구	友だち	그런데	ところで
고향	故郷・出身地	사람	人

文法練習

5-1 도 〈も〉

日本語の「も」に相当する助詞です。名詞に直接つければよいです。単語が母音で終わるか、子音で終わるかを気にする必要はありません。

例） ① 어제**도**〈昨日も〉 ② 오늘**도**〈今日も〉 ③ 내일**도**〈明日も〉

【練習1】 次の名詞に「も」にあたる助詞をつけて発音してみよう。

① 승기 씨〈承基さん〉 ② 수업〈授業〉 ③ 이것〈これ〉 ④ 매점〈売店〉

5-2 가/이 아니에요 〈～ではありません・～ではありませんか？〉

助詞の「가/이〈が〉」に「아니에요」をつけます。日本語の場合、「～**は**ありません」と助詞に「は」を使いますが、韓国語は「が」なので、注意してください。最後を上げて発音すれば疑問文になります。

例） ① 토마토는 채소**가 아니에요**?　〈トマトは野菜じゃないんですか?〉
　　 ② 네, 토마토는 채소**가 아니에요**.　〈はい、トマトは野菜じゃないです〉
　　 ③ 이건 아야 씨 것**이 아니에요**?　〈これは彩さんのじゃないんですか?〉
　　 ④ 네, 그건 내 것**이 아니에요**.　〈ええ、それは私のじゃありません〉

【練習2】 次の名詞に「가/이 아니에요」をつけてみよう。

① 남자 친구 〈彼氏〉　　② 한국 사람 〈韓国人〉
③ 고등학생 〈高校生〉　　④ 내 노트북 〈私のノートパソコン〉

5-3　가/이 아닙니다, 가/이 아닙니까? 〈～ではありません/～ではありませんか?〉

　上の「가/이 아니에요」と同じ意味ですが、丁寧さが違います。第4課で学んだ丁寧形1「입니다」と同じ丁寧さです。「아닙니다」の最後の「다」を「까」に変えて「아닙니까?」とすると疑問文になります。

　例)　① 토마토는 채소**가 아닙니까**?　　〈トマトは野菜じゃないんですか?〉
　　　② 네, 토마토는 채소**가 아닙니다**.　〈はい、トマトは野菜じゃないです〉
　　　③ 이건 아야 씨 것**이 아닙니까**?　　〈これは彩さんのじゃないんですか?〉
　　　④ 네, 그건 제 것**이 아닙니다**.　　　〈ええ、それは私のじゃありません〉

【練習3】　【練習2】を丁寧形1に変えてみよう。

　① 남자 친구 〈彼氏〉　　② 한국 사람 〈韓国人〉
　③ 고등학생 〈高校生〉　　④ 내 노트북 〈私のノートパソコン〉

【名詞につく形のまとめ】

	普通文		否定文	
	普通文	疑問文	普通文	疑問文
丁寧形1 (합니다体)	입니다	입니까?	가/이 아닙니다	가/이 아닙니까?
丁寧形2 (해요体)	예요/이에요(?)		가/이 아니에요(?)	

5-4　가/이 아니라 〈～ではなくて〉

　「Aじゃありません」と「Bです」の二つの文を一つにまとめて、「AではなくてBです」というときは「가/이 아니라」となります。

　例)　① 내 이름은 존송**이 아니라** 정선이에요.
　　　　　〈私の名前は존송じゃなくて정선です〉
　　　② 이 사람은 남자 친구**가 아니라** 그냥 친구예요.
　　　　　〈この人は彼氏じゃなくてただの友だちです〉

【練習 4】　例にならって次の二つの文を一つにしてみよう。

例) 토마토 : 채소, 과일　⇒　토마토는 채소가 아니라 과일이에요.
　　　　　　　　　　　　　＜トマトは野菜じゃなくて果物です＞

① 오늘＜今日＞ : 수요일＜水曜日＞, 목요일＜木曜日＞
② 이것 : 문어＜水蛸＞, 낙지＜真蛸＞
③ 신라의 수도＜新羅の首都＞ : 서울, 경주＜慶州＞
④ 이 휴대폰＜携帯電話＞ : 내 것, 요시코 씨 것
⑤ 박 선배 이름＜朴先輩の名前＞ : 대준, 태준

読解練習

1.　次の文を日本語に直してみよう。

① 아야 씨 고향은 후쿠오카예요?
② 아뇨, 내 고향은 후쿠오카가 아니에요. 나가사키예요.
③ 내 고향은 후쿠오카가 아니라 나가사키예요.
④ 준이치 씨 고향도 나가사키입니까?
⑤ 아뇨, 제 고향도 나가사키가 아닙니다.
⑥ 제 전공은 중국어가 아니라 한국어입니다.
⑦ 혹시 승기 씨 취미가 등산이 아니에요?
⑧ 아뇨, 제 취미는 등산이 아니라 드라이브입니다.
⑨ 저 건물이 도서관이에요? ― 저기는 도서관이 아니라 체육관이에요.

【単語】　혹시＜もしかして＞ 건물＜建物＞ 체육관＜体育館＞

作文練習

1. 下線部に適切な語句を入れて、文を完成させてみよう。

    例) 고향은 나가사키예요? — 아뇨, 나가사키**가 아니에요**.
       〈出身地は長崎ですか? — いいえ、長崎**ではありません**〉
    ① 고향은 후쿠오카예요?   — 아뇨, _____
    ② 한국 사람이에요?   — 아뇨, _____
    ③ 다음 주는 휴강입니까?   — 아뇨, _____
    ④ 이게 모범택시입니까?   — 아뇨, 그건 _____
    ⑤ 이건 아야 씨 교과서예요? — 아뇨, 그건 내 _____

    【単語】다음 주〈来週〉 휴강〈休講〉 모범택시〈模範タクシー〉 교과서〈教科書〉

2. 次の文を韓国語に直してみよう。

    ① 知民さんの故郷はソウルですか?
    ② いいえ、私の故郷はソウルではありません。釜山です。
    ③ 私の故郷はソウルではなくて釜山です。
    ④ 淳一さんの趣味は何ですか? スポーツですか?
    ⑤ いいえ、私の趣味はスポーツではありません。読書です。
    ⑥ 私の趣味はスポーツではなくて読書です。
    ⑦ この携帯(휴대폰)は誰のですか?
    ⑧ ひょっとして知民さんのではありませんか?
    ⑨ いいえ、この携帯は私のではありません。

3. 下の図を見ながら、例にならってできる限りたくさん自由に作文してみよう。

例) A는 도서관입니까?
― 아뇨, 도서관이 아닙니다. 강의동입니다.
or 아뇨, 도서관이 아니라 강의동입니다.

【캠퍼스 맵〈キャンパスマップ〉】

A: 강의동〈講義棟〉 B: 연구동〈研究棟〉 C: 유학생센터〈留学生センター〉
D: 기숙사〈寮〉 E: 도서관〈図書館〉 F: 사무실〈事務室〉 G: 매점〈売店〉
H: 동아리방〈サークル部屋〉 I: 학교식당〈学食〉 J: 체육관〈体育館〉
K: 운동장〈運動場〉 L: 주차장〈駐車場〉 M: 테니스장〈テニスコート〉

会話練習

1. 下の絵を見ながら、例にならって話してみよう。[ペ]

|  채소? 과일? | 가: 이건 한국말로 수박이라고 합니다.
나: 과일이에요? 채소예요?
가: 채소입니다.
나: 과일이 아니에요?
가: 네, 과일이 아닙니다. |

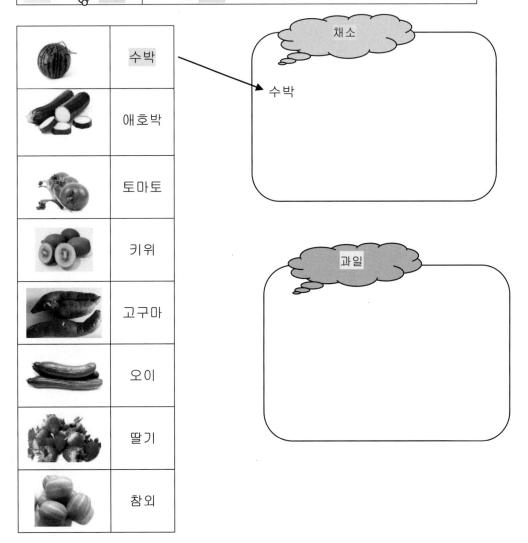

2.　例にならって、今日の曜日を聞いてみよう。[ペ]

가: 오늘은 월요일이에요?
나: 네, 월요일이에요. / 아뇨, 월요일이 아니에요.

【曜日】

月曜日	火曜日	水曜日	木曜日	金曜日	土曜日	日曜日
월요일	화요일	수요일	목요일	금요일	토요일	일요일

3.　単語を置き換えて話してみよう（下線部には相手の名前を入れてみよう）。
[ペ]

가: 이 연필은 누구 거예요? _____씨 거예요?　　게＝것이
나: 아뇨, 제 게 아니라 나오 씨 거예요.

【물건＜物＞】

연필	유에스비	수첩	샤프	형광펜
나오	유진	요시코	슈	지훈
볼펜	노트북	지우개	휴대폰	전자사전
현식	조나단	태준	아오이	나리

4. 下線部に適切な語句を入れて、会話をしてみよう。［ペ］

안녕하세요?
저는 ＿＿＿＿＿＿＿＿
(이)라고 합니다.

안녕하세요?
저는 ＿＿＿＿＿＿＿＿
예요/이에요.

＿＿＿＿＿＿ 씨, 고향이
＿＿＿＿＿＿ 예요/이에요?

네. ＿＿＿＿＿＿ 예요/이에요.
or 아뇨, ＿＿＿＿＿＿ 이/가
   아니라 ＿＿＿＿＿＿
   예요/이에요.
   ＿＿＿＿＿＿ 씨는요?

제 고향은
＿＿＿＿＿＿ 예요/이에요.

＿＿＿＿＿＿ 씨 전공이 뭐예요?
＿＿＿＿＿＿ 예요/이에요?

네, ＿＿＿＿＿＿ 예요/이에요.
or 아뇨, 저는
   ＿＿＿＿＿＿ 가/이 아니라
   ＿＿＿＿＿＿ 예요/이에요.

저는
＿＿＿＿＿＿ 예요/이에요.
취미는 뭐예요?
＿＿＿＿＿＿ 예요/이에요?

네 제 취미는 ＿＿＿＿＿＿
예요/이에요.
or 아뇨, ＿＿＿＿ 가/이 아니라
   ＿＿＿＿＿＿ 예요/이에요.
   ＿＿＿＿＿＿ 씨는요?

제 취미도
＿＿＿＿＿＿ 예요/이에요
or 제 취미는
＿＿＿＿＿＿ 예요/이에요

聴解練習

1. 次の(　)に聞こえたことばを書き込んでみよう。　　　　　　　　　　CD4

   ① 제 고향(　　　) 나가사키(　　　　　　　　　).
   ② 제 고향(　　　) 나가사키(　　　　　　　　　).
   ③ 그 건물은 도서관(　　　　　) 체육관(　　　　　　　).

2. 会話文を聞いて、その答えを ⓐ～ⓒ の中から選んでみよう。　　　　CD5

   ① ⓐ テニス　　ⓑ 卓球　　ⓒ バレーボール
   ② ⓐ 日本史　　ⓑ 日本文化　　ⓒ 日本語
   ③ ⓐ 釜山　　ⓑ ソウル　　ⓒ 慶州
   ④ ⓐ 奈央(ナオ)　　ⓑ 葵(アオイ)　　ⓒ 佳子(ヨシコ)

3. 自己紹介文を聞いて、下の問いに答えてみよう。　　　　　　　　　　CD6

   【問い】① 自己紹介をしている人の名前は何ですか?
   　　　　② その人の出身地（故郷）はどこですか?
   　　　　③ その人の趣味は何ですか?

제 6 과 기숙사 방에는 텔레비전이 없어요.

目標
① 身の周りの様々なものについての有無 (「ある/ない」、「いる/いない」) を言えるようになる。
② 漢数字を覚え、年月日、物の値段、電話番号、学校の時間割などを言えるようになる。

준이치: 지민 씨 집이 어디예요?
지　민: 학교 기숙사예요.
준이치: 기숙사 방에 뭐가 있어요? 텔레비전은 있어요?
지　민: 아뇨, 없어요. 침대하고 책상밖에 없어요.
　　　　그런데 기숙사 근처에 슈퍼가 있어요?
준이치: 네, 있어요. 한 10(십)분 거리예요.
　　　　거기에는 100(백)엔숍도 있어요.
지　민: 100엔숍이 뭐예요?
준이치: 모든 물건이 100엔이에요.

【発音】
집이[지비]　　　　　　십분[십뿐]
학교[학꾜]　　　　　　백엔[배겐]
있어요[이써요]　　　　숍도[숍또]
텔레비전은[텔레비저는]　숍이[쇼비]
없어요[업써요]　　　　물건이[물거니]
밖에[바께]　　　　　　백엔이에요[배게니에요]

【単語】

집	家・店	그런데	ところで
어디	どこ	근처	近所
학교	学校	슈퍼	スーパー
기숙사	寄宿舎・寮	한	約
방	部屋	분	分
텔레비전	テレビ	거리	距離
침대	ベッド	숍	ショップ
책상	机	모든	全ての
밖에	しか	물건	物

文法練習

6-1 있다/없다 <ある(いる)・ない(いない)>

韓国語	日本語
있어요(?)	あります・います
	ありますか?・いますか?
없어요(?)	ありません・いません
	ありませんか?・いませんか?

例) ① 오늘 약속이 **있어요**? <今日、約束が**ありますか**?>
　　―네, **있어요**. <はい、**あります**>, 아뇨, **없어요**. <いいえ、**ありません**>
② 형제가 **있어요**? <兄弟は**いますか**?>
　　―네, 오빠가 **있어요**. <はい、兄が**います**>
　　아뇨, **없어요**. 난 외동딸이에요. <いいえ、**いません**。私は一人娘です>

　日本語は「ある」と「いる」、「ない」と「いない」を使い分けますが、韓国語ではこの二つを区別しません。また、「있어요/없어요」の最後を上げて発音すれば疑問文になります。この点は第4課で学んだ「예요/이에요」や第5課で学んだ「가/이 아니에요」と同じです。

6-2 에 <に>

　日本語の「に」に相当する助詞です。単語が母音で終わるか、子音で終わるかを気にする必要はありません。

例) ① 나가사키**에** <長崎に> ② 교실**에** <教室に> ③ 여름 방학**에** <夏休みに>

【練習1】　次の名詞に「에」をつけて、発音してみよう。

① 도쿄　　<東京>　　　　② 부산　　　<釜山>
③ 도서관 <図書館>　　　④ 학교식당 <学生食堂>

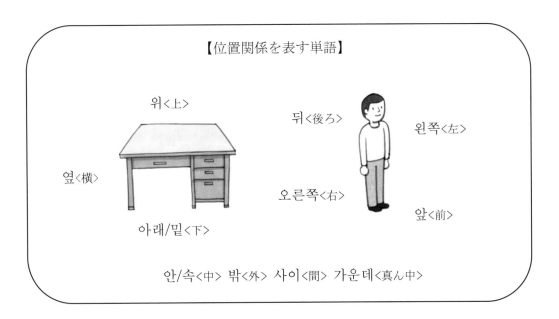

6-3 하고, 와/과, 랑/이랑 ＜と＞

「A と(and) B」というときの「と」に相当する助詞です。「하고」と「랑/이랑」は主に話しことばで、「와/과」は主に書きことばで使います。また、「랑/이랑」は主に若者や子供が使います（大人が使ってはいけないというわけではありません）。「하고」は単語が母音で終わるか子音で終わるかを気にする必要はありませんが、「랑/이랑」と「와/과」は次のように使い分けます（「는/은」、「가/이」と同じです）。

	書きことば	話しことば	
母音で終わる語	와	랑	하고
子音で終わる語	과	이랑	

例）　① 김치**랑** 밥, 김치**와** 밥, 김치**하고** 밥　＜キムチとご飯＞
　　　② **밥이랑** 김치, **밥과** 김치, **밥하고** 김치　＜ご飯とキムチ＞

【練習 2】　次のＡとＢを「하고」でつなぎ、発音してみよう。また、ＡとＢの前後を逆にして、同じように言ってみよう。

① A: 아빠　＜お父さん＞　　　　B: 엄마　＜お母さん＞
② A: 부산　＜釜山＞　　　　　　B: 경주　＜慶州＞
③ A: 밥　　＜ご飯＞　　　　　　B: 국　　＜スープ＞
④ A: 한국　＜韓国＞　　　　　　B: 일본　＜日本＞

【練習 3】　次のＡとＢを「랑」か「이랑」でつなぎ、発音してみよう。また、ＡとＢの前後を逆にして、同じように言ってみよう。

① A: 아빠　＜お父さん＞　　　　B: 엄마　＜お母さん＞
② A: 부산　＜釜山＞　　　　　　B: 경주　＜慶州＞
③ A: 밥　　＜ご飯＞　　　　　　B: 국　　＜スープ＞
④ A: 한국　＜韓国＞　　　　　　B: 일본　＜日本＞

【練習 4】　次のＡとＢを「와」か「과」でつなぎ、発音してみよう。また、ＡとＢの前後を逆にして、同じように言ってみよう。

① A: 아빠　＜お父さん＞　　　　B: 엄마　＜お母さん＞
② A: 부산　＜釜山＞　　　　　　B: 경주　＜慶州＞
③ A: 밥　　＜ご飯＞　　　　　　B: 국　　＜スープ＞
④ A: 한국　＜韓国＞　　　　　　B: 일본　＜日本＞

6-4 漢数字

日本語の「いち・に・さん…」に相当する数の数え方です。

1	2	3	4	5	6	7	8	9	10
일	이	삼	사	오	육	칠	팔	구	십

「11」は日本語と同様に「10」と「1」を合わせればよいです。これで「11」以降、「99」までは言えることになります。

100	1,000	10,000
백	천	만

「10,000」を単独で言う場合、日本語では「いちまん」と言いますが、韓国語は「만」だけです。「일만」とは言いません。

この漢数字を使って言える単位（助数詞）には、次のようなものがあります。

【漢数字につく助数詞】

〜年	〜月	〜日	〜ウォン (値段)	〜時間目 (時間割)	〜階 (建物)	〜人分 (食事)	〜号室 (部屋)
년	월	일	원	교시	층	인분	호실

ただし、「月」の場合、「6月」と「10月」が不規則になるので注意しましょう。

1月	2月	3月	4月	5月	6月
일월	이월	삼월	사월	오월	**유월** [×육월]
7月	8月	9月	10月	11月	12月
칠월	팔월	구월	**시월** [×십월]	십일월	십이월

【練習 5】　次の数字（漢数字）をハングルで書いて発音してみよう。

① 3　　　　　　② 8　　　　　　③ 12
④ 16　　　　　 ⑤ 25　　　　　 ⑥ 34
⑦ 127　　　　 ⑧ 365　　　　　⑨ 645
⑩ 998

【練習 6】　次の年月日を発音してみよう。

① 1945 年 8 月 9 日　　　② 1978 年 6 月 1 日
③ 1991 年 10 月 3 日　　 ④ 2000 年 2 月 22 日
⑤ 2013 年 12 月 24 日　　⑥ 2020 年 5 月 15 日

【練習 7】　次の数字に値段の単位「원」をつけて発音してみよう。

① 500　　②　1,300　　③　2,600　　④　7,450
⑤ 9,900　⑥　15,000　 ⑦　48,200　 ⑧　85,320
⑨ 127,000　⑩　340,100

【時間を表す単語】

【年】
작년/지난해 〈去年〉
올해　　　〈今年〉
내년/다음해〈来年〉

【週】
지난주 〈先週〉
이번 주〈今週〉
다음 주〈来週〉

【日】
그저께〈一昨日〉
어제　〈昨日〉
오늘　〈今日〉
내일　〈明日〉
모레　〈明後日〉

読解練習

1. 次の文を日本語に直してみよう。

① 누가 한국어 전공이에요? — 아야 씨하고 준이치 씨예요.
② 오늘은 무슨 요일이에요? — 월요일입니다.
③ 나가사키에 지하철이 있어요? —아뇨, 없어요. 전철은 있어요.
④ 제 가방이랑 휴대폰은 그 책상 위에 있어요.
⑤ 우리 학교 매점은 일 층 도서관 입구 옆에 있어요.
⑥ 내 생일은 팔 월 이십육 일이에요. 구십사 년생이에요.
⑦ 제 휴대폰 번호는 공일이의 삼사오육의 칠팔구공이에요.
⑧ 몇 학번이에요? — 십사 학번이에요. — 그럼 우리 동갑이에요.
⑨ 일본에는 십 엔, 오십 엔, 백 엔, 오백 엔짜리하고 일 엔, 오 엔짜리도 있어요.
⑩ 지갑 안에 오백 엔밖에 없어요.

【単語】누가<誰が> 지하철<地下鉄> 전철<路面電車> 매점<売店> 입구<入口> 번호<番号> 동갑<同い年> 짜리<〜に値するもの> 지갑<財布>

2. 次の文章を読んで、下の問いに答えてみよう。

안녕하세요? 저는 다나카 아야라고 합니다. 제 전공은 한국어예요. 일 학년생이에요. 제 생일은 사 월 십 일이에요. 내일이 제 생일이에요. 제 고향은 나가사키예요. 하지만 우리 집은 나가사키 시내가 아니라 사세보에 있어요. 가족은 부모님하고 형제는 언니랑 남동생이 있어요. 아버지와 언니는 회사원, 어머니는 초등학교 선생님이에요. 그리고 남동생은 지금 고등학교 삼 학년생이에요. 부모님과 남동생은 고향에 있어요. 언니와 언니의 회사는 후쿠오카에 있어요. 만나서 반갑습니다. 앞으로도 잘 부탁합니다.

【問い】① 彩さんの両親(부모님)はどこに住んでいますか?
② 彩さんのお姉さん(언니)はどこで何をしていますか?
③ 彩さんが自己紹介をしているのは何月何日ですか?

作文練習

1. 次の文を韓国語に直してみよう。

① 今、時間ありますか。― いいえ、ありません。
② 私は兄弟(형제)がいません。
③ 学校の近くにはコンビニ(편의점)がありません。
④ 佐々木先生の部屋(방)は3階の316号室です。
⑤ 土曜日と日曜日にはアルバイトがあります。
⑥ 月曜日は1時間目と3時間目しか授業がありません。
⑦ 淳一さんは何年生ですか。
⑧ 私は韓国語専攻の1年生です。承基さんは?
⑨ 私は日本語専攻の3年生です。

2. 次の【A】・【B】の絵を見ながら、教師の指示するものがどこにあるか、できる限り詳しく作文してみよう。

【A】例) 가: 시계는 어디에 있어요? <時計はどこにありますか?>
　　　　 나: 책상 위에 있어요.　　<机の上にあります>

【B】

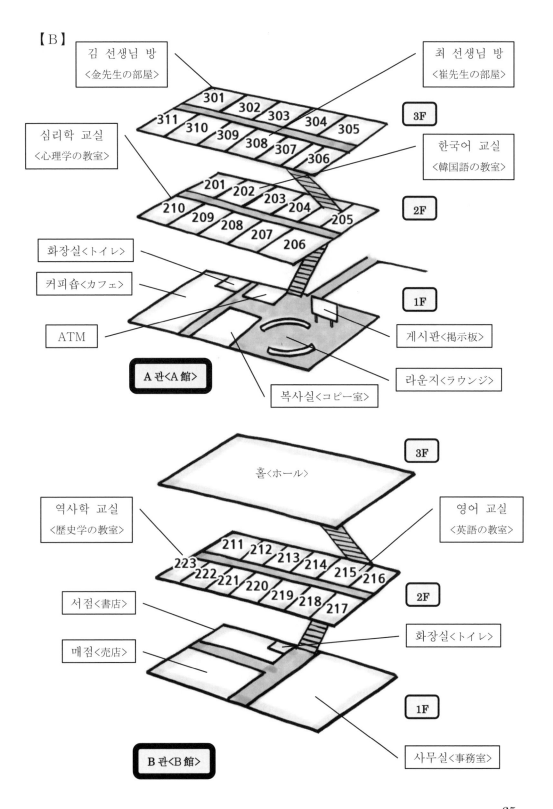

会話練習

1. 相手の部屋にあるかないか、聞いてみよう。［グ］

    例) 가: 방에 침대 있어요?
        나: 네, 있어요. (○) / 아뇨, 없어요.(×)

	친구1	친구2		친구1	친구2
침대<ベッド>			의자<椅子>		
시계<時計>			인형<人形>		
텔레비전<テレビ>			옷장<クローゼット>		
책장<本棚>			스탠드<電気スタンド>		
화장대<化粧台>			소파<ソファー>		
거울<鏡>			옷걸이<ハンガー>		
책상<机>			컴퓨터<パソコン>		

2. 相手の誕生日と携帯電話の番号を聞いてみよう。［グ］

    例1) 가: 생일이 언제예요? <誕生日はいつですか?>
        　　　　　　사　　　　　십
        나: 4월 10일이에요. <4月10日です>

    例2) 가: 전화 번호가 몇 번이에요? <電話番号は何番ですか?>
        　　　공일이　의　삼사오육　의　칠팔구공
        나: 012 - 3456 - 7890 예요/이에요

    (「-」(ハイフン)は「의[에]」と発音します。「-」を入れずに数字だけ並べて言ってもよいです)

	생일		전화 번호	
나	월	일	-	-
친구1(　　)	월	일	-	-
친구2(　　)	월	일	-	-
친구3(　　)	월	일	-	-
친구4(　　)	월	일	-	-

3. 下のカレンダーを見ながら、例にならって会話をしてみよう。[ペ]

例) 가: 오늘이 몇 월 며칠이에요? 〈今日は何月何日ですか?〉
    나: 5월 11일이에요.   〈5月11日です〉

① 가: **이번 주 토요일이** 며칠이에요? 〈今週の土曜日は何日ですか?〉
   나: _____ 이에요.
② 가: **어린이날이** 언제예요?   〈子供の日はいつですか?〉
   나: _____ 이에요.
③ 가: **오늘은** 무슨 요일이에요?   〈今日は何曜日ですか?〉
   나: _____ 이에요.
④ 가: **내일 약속이** 있어요?   〈明日、約束がありますか?〉
   나: _____ 가/이 있어요.

알바＝아르바이트

【5월】

월	화	수	목	금	토	일
1	2	3	4	5 어린이날 〈子供の日〉	6	7
8 어버이날 〈両親の日〉	9	10	11 오늘	12 알바	13 보강 〈補講〉	14 쇼핑 약속
15 스승의 날 〈先生の日〉	16	17 석가탄신일 〈釈迦誕生日〉	18	19	20	21 알바
22	23 친구 생일	24	25	26 말하기 시험 〈会話試験〉	27 친구 생일파티	28 알바
29 읽기 시험 〈読解試験〉	30	31 바다의 날 〈海の日〉				

【週】
지난주 〈先週〉
이번 주 〈今週〉
다음 주 〈来週〉

【日】
그저께 〈一昨日〉   어제 〈昨日〉
오늘 〈今日〉   내일 〈明日〉
모레 〈明後日〉

4. 1週間の時間割を韓国語で作ってみよう。その次に、周りの人に何曜日の何時間目に何の授業があるか、聞いてみよう（教師は韓国語の授業科目名一覧を別途に準備する）。［グ］

	월	화	수	목	금
1 교시					
2 교시					
3 교시					
4 교시					
5 교시					

예)
목요일
2 교시: 심리학
3 교시: 한국어 읽기

가: 목요일에 수업이 있어요?
나: 네, 심리학하고 한국어 읽기가 있어요.
가: 몇 교시에 있어요?
나: 2 교시에 심리학이,
　　그리고 3 교시에 한국어 읽기가 있어요.

【授業科目（一例）】
한국어<韓国語> 영어<英語> 일본어<日本語> 중국어<中国語>
문법<文法> 읽기<読解> 듣기<聴解> 쓰기<作文> 말하기<会話> 연습<演習>
기독교<キリスト教> 철학<哲学> 역사학<歴史学> 언어학<言語学> 법학<法学>
정치학<政治学> 경제학<経済学> 사회학<社会学> 심리학<心理学> 교육학<教育学>

5. 4の内容をみんなの前で発表してみよう。［ス］

聴解練習

1. 聞こえた数字を選んでみよう。　　　　　　　　　　　　　　　　　　CD7

   ① ⓐ 33　　ⓑ 34　　ⓒ 43　　ⓓ 44
   ② ⓐ 33　　ⓑ 34　　ⓒ 43　　ⓓ 44
   ③ ⓐ 11　　ⓑ 12　　ⓒ 21　　ⓓ 22
   ④ ⓐ 11　　ⓑ 12　　ⓒ 21　　ⓓ 22
   ⑤ ⓐ 350　　ⓑ 305　　ⓒ 355
   ⑥ ⓐ 1060　　ⓑ 1006　　ⓒ 1160　　ⓓ 1106
   ⑦ ⓐ 15080　　ⓑ 10580　　ⓒ 15070　　ⓓ 10570

2. いくらですか?　　　　　　　　　　　　　　　　　　　　　　　　　CD8

①	②	③	④	⑤

3. 何月何日ですか?　　　　　　　　　　　　　　　　　　　　　　　　CD9

①		②		③		④	
月	日	月	日	月	日	月	日

4. 時間割を完成させてみよう。　　　　　　　　　　　　　　　　　　CD10

	月	火	水	木	金
1					
2					
3					
4					
5					

【単語】영어<英語>, 역사학<歷史學>, 심리학<心理學>, 기독교<キリスト教>

제 7 과 이건 한 개에 백 엔이에요.

> 目標
> ① 固有数字を覚え、時間、年齢に関する表現を言えるようになる。
> ② 買い物ができるようになる。

지민: 저기요. 비누하고 수건이 어디에 있어요?

점원: 네, 여기 있어요.

지민: 이거 둘 다 100엔이에요? (백)

점원: 아뇨, 이 수건은 100엔이 아니라 200엔입니다. (이백)

지민: 어머, 200엔짜리도 있어요? 그럼 비누 하나하고 수건 2장 주세요. (두)

점원: 네, 감사합니다.

【発音】

비누하고[비누아고]
수건이[수거니]
있어요[이써요]
백엔이에요[배게니에요]
수건은[수거는]

백엔이[배게니]
이백엔입니다[이배게님니다]
하나하고[하나아고]
감사합니다[감사암니다]

【単語】

저기요	あの〜・すみません (呼び掛けるときのことば)		
비누	せっけん	짜리	〜の（〜に値するもの）
수건	タオル	그럼	じゃあ・では
여기	ここ	장	枚
다	全部・全て	주세요	ください
어머	あら（女性が主に用いる）		

| 文法練習 |

7-1　固有数字

日本語の「ひとつ・ふたつ・みっつ…」に相当する数の数え方です。

1	2	3	4	5	6	7	8	9	10
하나	둘	셋	넷	다섯	여섯	일곱	여덟	아홉	열
한	**두**	**세**	**네**						

　今の日本語の固有数字は「10(とお)」までしかありませんが、韓国語はまだ続きます。「11」は「10」と「1」を合わせて「열 하나（열 한）」と言えばよいです。この調子で「19」までは言えます。しかし、「20」は「둘 열」ではありません。「스물(스무)」という別の形があります。「21」は「20」と「1」を合わせて「스물 하나(스물 한)」と言えばよいです。この調子で「29」までは言えます。以下、「30」、「40」、「50」、「60」、「70」、「80」、「90」と、区切りの数字に別の形があります。固有数字は「99」までで「100」からは漢数字と同じになります。

20	30	40	50	60	70	80	90
스물	서른	마흔	쉰	예순	일흔	여든	아흔
스무							

＊第6課に出てきた漢数字は主に「あらかじめ決まっている数字」に対して使い、固有数字は主に「物の数を数えるとき」に使います。

＊上の数字の中で、上下に2種類の形があるものは、後ろに物を数える単位（助数詞）がつく場合に下の形を使います。

　　例) ひとつ ⇒ 하나　　1個 ⇒ 한 개（×하나 개）

【固有数字につく助数詞】

個	時	歳	回	瓶(本)	人	枚	冊	匹
개	시	살	번	병	명	장	권	마리

【練習1】　次の数字（固有数字）をハングルで書いて発音してみよう。

① 11　　　② 12　　　③ 18　　　④ 19
⑤ 21　　　⑥ 35　　　⑦ 64　　　⑧ 120

【練習2】　次の数字に＜　＞の単位をつけて発音してみよう。

① 1＜回＞　　② 2＜瓶＞　　③ 3＜人＞　　④ 4＜個＞
⑤ 10＜枚＞　　⑥ 20＜歳＞

【練習3】　次の時刻を発音してみよう。

①　　　　　　　②　　　　　　　③

④　　　　　　　⑤　　　　　　　⑥

【時刻の言い方】

　13時から24時までも「열세 시, 열네 시,… 스물네 시」のように言えますが、あまり使いません。日常生活では日本語と同様に「13時」は「한 시」、「14時」は「두 시」というふうに言うことが多いです。午前と午後で誤解がないようにする場合は時間の前に「오전＜午前＞」、「오후＜午後＞」をつければよいでしょう。

　また、日本語では例えば「1時50分」のことを「2時10分前」とも言いますね。韓国語も同様に「한 시 오십 분」のことを「두 시 십 분 전」と「전＜前＞」を使って言うことができます。

読解練習

1. 次の文を日本語に直してみよう。

   ① 그건 얼마예요? — 만 오백 원이에요.
   ② 그 사과 네 개하고 오렌지 세 개 주세요.
   ③ 우리 학교에는 고양이 한 마리가 있어요.
   ④ 지금 몇 시예요? — 세 시 이십삼 분이에요.
   ⑤ 지민 씨 동생은 지금 몇 살이에요? — 열 다섯 살이에요.
   ⑥ 오늘은 여섯 시 반에 아르바이트가 있어요.
   ⑦ 이번 주 일요일에 시간이 있어요?
   ⑧ 화장실이 어디예요? — 옆 건물 이 층에 있어요.

   【単語】우리<私たち> 고양이<猫> 지금<今> 화장실<トイレ> 건물<建物>

作文練習

1. 次の文を韓国語に直してみよう。

   ① このリンゴはいくらですか? — 4個で250円です。
   ② 火曜日に授業はいくつありますか? — 3つあります。
   ③ 今、何時ですか? — 11時35分です。
   ④ 彩さんの誕生日はいつですか? — 8月1日です。
   ⑤ 何年(なにどし)ですか? — 午年(うま)です。
   ⑥ カルビ(갈비)3人前とビール(맥주)2本ください。
   ⑦ このコピー(복사)は1枚いくらですか?
   ⑧ 韓国語の教科書、2冊ください。1冊は友だちのです。

| 会話練習 |

1. 例にならって相手の年齢と干支を聞いてみよう。[グ]

   例) 가: 아야 씨는 지금 몇 살이에요?　　<彩さんは今何歳ですか?>
   　　 나: １９살이에요.　　　　　　　　<19歳です>
   　　 가: 무슨 띠예요?　　　　　　　　<何年ですか?>
   　　 나: 쥐 띠예요. 96년생이에요.　　<子年です。96年生まれです>

	例) 아야	① 태준	② 성민	③ 연경	④ 自由に
年齢	19	25	18	22	
生まれ年	96(子)	88(辰)	97(丑)	93(酉)	

【띠<干支>】

子	丑	寅	卯	辰	巳
쥐띠	소띠	호랑이띠	토끼띠	용띠	뱀띠
午	未	申	酉	戌	亥
말띠	양띠	원숭이띠	닭띠	개띠	돼지띠

2. 相手に時刻を聞いてみよう。相手が答えた時刻があっていれば「○」、間違っていれば「×」を入れてみよう。[ペ]

   例) 가: 지금 몇 시예요?　　<今、何時ですか?>
   　　 나: 오후 2시 40분이에요. <午後2時40分です>

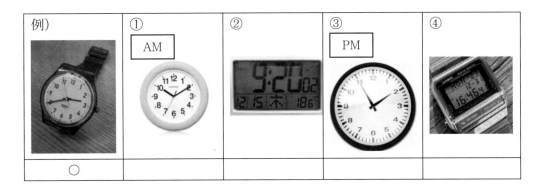

例)	① AM	②	③ PM	④
○				

3. 例にならって絵の中にあるものを買ってみよう。[ペ]

例) お客: 이 책이 얼마예요? <この本はいくらですか?>
    店員: 한 권에 11,000 원이에요. <1冊で11,000ウォンです>

책 1 권	오렌지 4 개	사과 3 개
11,000 원	6,500 원	2,800 원
와인 1 병	딸기 주스 1 잔	라면 5 개
53,000 원	4,900 원	3,200 원

4. 例にならって食べ物と飲み物を一つずつ買ってみよう。[ペ]

例) 店員: 어서 오세요.
    お客: 감자튀김 하나하고 커피 한 잔 주세요. 얼마예요?
    店員: 감자튀김 하나에 1,000 원, 커피 한 잔에 4,500 원,
          모두 5,500 원입니다.

<食べ物>

감자튀김	햄버거	비빔밥	냉면	샌드위치
1,000	4,000	6,500	8,000	2,500

<飲み物>

커피 (한 잔)	주스 (한 잔)	콜라 (한 잔)	우유 (한 잔)	옥수수차 (한 개)
4,500	2,700	1,200	800	1,500

5. 客役と店員役に分かれて「お店屋さんごっこ」をしてみよう。店員役は売り物に自由に値段をつけてください。売り物は次ページにある写真です。客役はショッピングリストに何をいくつ買うか決めてください。客役の予算は3万ウォンです。［グ］

 例) お客 : 저기요, 오렌지 있어요?
   店員 : 네, 있어요.
   お客 : 한 개에 얼마예요?
   店員 : 1,000 원이에요.
   お客 : 사과는요?
   店員 : 사과는 하나에 1,500 원이에요.
   お客 : 그럼 오렌지 세 개하고 사과 두 개 주세요.
   店員 : 모두 6,000 원입니다. 감사합니다.

【日本語訳】
 例) お客：あの〜、オレンジありますか?
   店員：はい、あります。
   お客：一個いくらですか?
   店員：1,000 ウォンです。
   お客：リンゴは?
   店員：リンゴは一個 1,500 ウォンです。
   お客：じゃあ、オレンジ3個とリンゴ2個ください。
   店員：全部で 6,000 ウォンです。ありがとうございます。

【ショッピングリスト】

買うもの	個数	値段
		원
		원
		원
		원
		원
		원
		원
		원

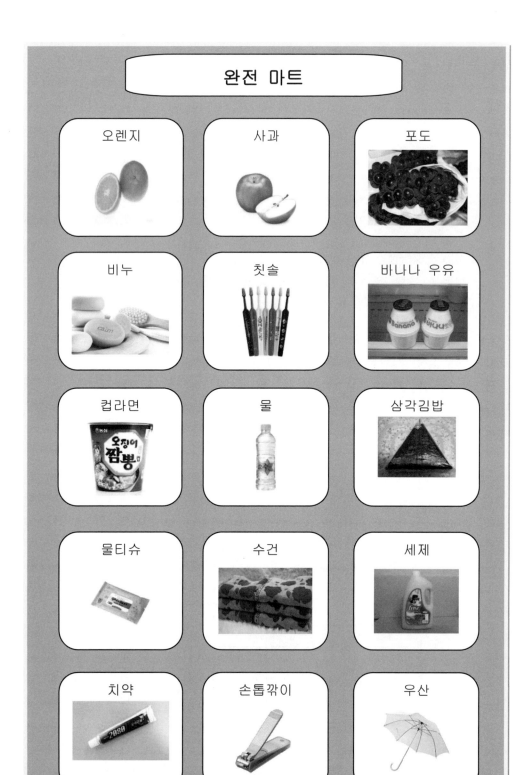

【買い物で使えるちょこっとフレーズ】
어서 오세요.<いらっしゃいませ> 뭘 찾으세요?<何をお探しですか?>
너무 비싸요.<高すぎますよ> 좀 깎아 주세요.<ちょっとまけてくださいよ>
그럼 만 원만 주세요.<じゃあ1万ウォンにまけてあげます>
또 오세요.<またお越しください>
수고하세요.<(店を出るとき店員に向かって)お仕事頑張ってください>

聴解練習

1. 聞こえた数字を書いてみよう。　　　　　　　　　　　　　　　CD11

①	②	③	④	⑤

2. 今、何時ですか?　　　　　　　　　　　　　　　　　　　　　CD12

①	②	③	④	⑤
시　분	시　분	시　분	시　분	시　분

3. 会話文を聞いて、下の問いに答えてみよう。　　　　　　　　　CD13

【問い】　① 何をいくつ買いましたか?
　　　　　② 全部でいくら支払いましたか?

제8과 매일 아침 6시에 일어나요.

> 目標: 日課について話せるようになる。

지민: 오늘 뭐 해요?
아야: 오늘은 아르바이트가 있어요.
지민: 아르바이트요? 몇 시부터 몇 시까지 해요?
아야: 6시(여섯)부터 10시(열)까지 해요.
지민: 10시까지요? 그럼 매일 몇 시에 자요?
아야: 12시(열두)쯤에 자요.
지민: 그래서 아침 몇 시에 일어나요?
아야: 보통 6시(여섯)에 일어나요. 그리고 아침에 예습을 해요. 9시(아홉)에는 학교에 와요.
지민: 우와, 대단하네요. 그런데 집에서 학교까지 어떻게 와요?
아야: 버스로 와요.

【発音】
오늘은[오느른]   예습을[예스블]
몇 시[멷 씨]   학교[학꾜]
쯤에[쯔메]   대단하네요[대다나네요]
일어나요[이러나요] 집에서[지베서]
아침에[아치메]   어떻게[어떠케]

【単語】

오늘	今日	일어나다	起きる
뭐	何	보통	普通
하다	する	그리고	そして
아르바이트	アルバイト	예습	予習
몇	何	학교	学校
시	時	오다	来る
그럼	じゃあ	우와	わぁー(驚きの声)
매일	毎日	대단하네요	すごいですね
자다	寝る	그런데	ところで
쯤	くらい	집	家
그래서	それで	어떻게	どうやって
아침	朝	버스	バス

文法練習

8-1　Ⅲ-요 〈～です・～ます〉

　第4課では名詞の丁寧形（です形）を学びましたが、この課では動詞や形容詞の丁寧形（ます・です形）を学びます。動詞や形容詞を丁寧形にするやり方は、ちょっと複雑ですので、頑張って練習しましょう。作り方は大きく分けて4段階あります。まず、第1段階の「基本」は以下に挙げる通りです。

【第1段階：基本】

手順	① 最後の「다」をとる
	작**다** ⇒ 작　　　먹**다** ⇒ 먹
	좁**다** ⇒ 좁　　　입**다** ⇒ 입
	②「다」をとった残りの部分の最後の**母音**が
	・「ㅏ・ㅗ」の場合は「아」を入れる
	・「ㅏ・ㅗ」以外の場合は「어」を入れる
	작 ⇒ 작아　　　먹 ⇒ 먹어
	「작」の母音は「ㅏ」　「먹」の母音は「ㅓ」
	좁 ⇒ 좁아　　　입 ⇒ 입어
	「좁」の母音は「ㅗ」　「입」の母音は「ㅣ」
	③ その後ろに「요」をつける
	작아 ⇒ 작아**요**　　먹어 ⇒ 먹어**요**
	좁아 ⇒ 좁아**요**　　입어 ⇒ 입어**요**

【練習1】　次の用言を「요」形（丁寧形/です・ます形）に変えてみよう。

　例）받다 〈もらう・受けとる〉 ⇒ [받아요]
　① 알다　〈知る・分かる〉　　② 좋다 〈良い・好きだ〉
　③ 웃다　〈笑う〉　　　　　　④ 씻다 〈洗う〉
　⑤ 늦다　〈遅い・遅れる〉　　⑥ 쉬다 〈休む〉
　⑦ 귀찮다 〈面倒だ〉　　　　　⑧ 넘다 〈越える〉
　⑨ 희다　〈白い〉　　　　　　⑩ 앉다 〈座る〉

文の最後を上げて発音すれば疑問文になるのは、名詞の場合と同じです。

例) 밥도 먹어요? ⤴ 〈ご飯も食べますか?〉
　—네, 먹어요. ⤵ 〈はい, 食べます〉

「基本」は上に挙げた通りですが、実際はもう少し複雑です。母音がつづく場合は、母音が脱落したり（第2段階）、融合する（第3段階）ことがあります。

【第2段階：母音が脱落する場合】

手順	
	① 最後の「다」をとる
	가다 ⇒ 가　　서다 ⇒ 서　　켜다 ⇒ 켜 　세다 ⇒ 세　　보내다 ⇒ 보내　　되다 ⇒ 되
	②「다」をとった残りの部分の最後の**母音**が 　・「ㅏ・ㅗ」の場合は「아」を入れる 　・「ㅏ・ㅗ」以外の場合は「어」を入れる
	가 ⇒ 가**아**　　서 ⇒ 서**어**　　켜 ⇒ 켜**어** 　「가」の母音は「ㅏ」　「서」の母音は「ㅓ」　「켜」の母音は「ㅕ」 　세 ⇒ 세**어**　　보내 ⇒ 보내**어**　　되 ⇒ 되**어** 　「세」の母音は「ㅔ」　「내」の母音は「ㅐ」　「되」の母音は「ㅚ」
	③「ㅏ+아」、「ㅓ(ㅕ)+어」、「ㅔ+어」、「ㅐ+어」、「ㅚ+어」が連続する場合、「아/어」はなくなる（基本的に発音どおりに書いているだけです） 　**ただし、「ㅚ」は「ㅙ」に表記が変わる！**
	가아 ⇒ 가　　서어 ⇒ 서　　켜어 ⇒ 켜 　세어 ⇒ 세　　보내어 ⇒ 보내　　되어 ⇒ **돼**
	④ その後ろに「요」をつける
	가 ⇒ 가**요**　　서 ⇒ 서**요**　　켜 ⇒ 켜**요** 　세 ⇒ 세**요**　　보내 ⇒ 보내**요**　　돼 ⇒ 돼**요**

【練習2】　次の用言を「요」形（丁寧形/です・ます形）に変えてみよう。

① 만나다　〈会う〉　　　② 비싸다　〈(値段が)高い〉
③ 건너다　〈渡る〉　　　④ 지내다　〈過ごす〉
⑤ 메다　　〈背負う・かつぐ〉　⑥ 펴다　　〈(本を)開く〉
⑦ 시작되다〈始まる〉

【第3段階：母音が融合する場合】

手順	
	① 最後の「다」をとる
	오다 ⇒ 오　　　주다 ⇒ 주 마시다 ⇒ 마시
	②「다」をとった残りの部分の最後の**母音**が ・「ㅏ・ㅗ」の場合は「**아**」を入れる ・「ㅏ・ㅗ」以外の場合は「**어**」を入れる
	오 ⇒ 오**아**　　주 ⇒ 주**어**　　마시 ⇒ 마시**어** 「오」の母音は「ㅗ」　「주」の母音は「ㅜ」　「시」の母音は「ㅣ」
	③「ㅗ+아」、「ㅜ+어」、「ㅣ+어」が連続する場合、 　「ㅗ+아」は「ㅘ」、「ㅜ+어」は「ㅝ」、「ㅣ+어」は「ㅕ」に縮まる（発音どおりに書いているだけです）
	오아 ⇒ **와**　　주어 ⇒ **줘**　　마시어 ⇒ **마셔**
	④ その後ろに「요」をつける
	와 ⇒ 와**요**　　줘 ⇒ 줘**요**　　마셔 ⇒ 마셔**요**

【練習3】　次の用言を「요」形（丁寧形/です・ます形）に変えてみよう。

① 나오다　〈出てくる〉　　　② 바꾸다　〈変える・交換する〉
③ 보다　　〈見る〉　　　　　④ 내리다　〈降りる〉
⑤ 나누다　〈分ける〉　　　　⑥ 걸리다　〈かかる〉

【第2～3段階のまとめ】

母音	変化前	変化後	例
脱落	ㅏ + 아 ⇒	ㅏ	例）가다 ⇒ 가아 ⇒ 가
	ㅓ + 어 ⇒	ㅓ	例）서다 ⇒ 서어 ⇒ 서
	ㅕ + 어 ⇒	ㅕ	例）켜다 ⇒ 켜어 ⇒ 켜
	ㅔ + 어 ⇒	ㅔ	例）세다 ⇒ 세어 ⇒ 세
	ㅐ + 어 ⇒	ㅐ	例）보내다 ⇒ 보내어 ⇒ 보내
	ㅚ + 어 ⇒	ㅙ	例）되다 ⇒ 되어 ⇒ 돼 （つづりが変わるので注意！）
融合	ㅗ + 아 ⇒	ㅘ	例）오다 ⇒ 오아 ⇒ 와
	ㅜ + 어 ⇒	ㅝ	例）주다 ⇒ 주어 ⇒ 줘
	ㅣ + 어 ⇒	ㅕ	例）마시다 ⇒ 마시어 ⇒ 마셔

第4段階は不規則な用言です。どの言語もそうですが、不規則な形になる用言がどうしても出てきます。韓国語にも不規則用言はありますが（詳しくは第12・13課で学びます）、ここでは一つ「하다<する>」または「○○하다」となっている「하다用言」だけを紹介しておきます。

【第4段階：하다用言の場合】

手順	
	①「다」をとる
	하**다** ⇒ 하　　　시원하**다** ⇒ 시원하
	②「다」をとった残りの部分の最後の**母音**が 　・「ㅏ・ㅗ」の場合は「**아**」を入れる 　・「ㅏ・ㅗ」以外の場合は「**어**」を入れる
	하 ⇒ 하**아**　　　시원하 ⇒ 시원하**아** 　「하」の母音は「ㅏ」　「하」の母音は「ㅏ」
	③「하+아」は「**해**」に変わる
	하아 ⇒ **해**　　　시원하아 ⇒ 시원**해**
	④ その後ろに「요」をつける
	해 ⇒ 해**요**　　　시원해 ⇒ 시원해**요**

＊書きことばでは、「해」は「하여」と書くこともあります。

【練習4】　次の用言を「요」形（丁寧形/です・ます形）に変えてみよう。

① 연습하다 <練習する>　　② 정하다 <決める・決まる>
③ 유명하다 <有名だ>　　　④ 편하다 <楽だ>

8-1で学んだ丁寧形「요」をつけるときの用言の活用（【練習1】～【練習4】において「요」をとった形）が「第3類」です（活用についてはp.170の【附録1】を参照してください）。

8-2　를/을 <を>

　日本語の「を」に相当する助詞です。前に来る名詞が母音で終わる場合と子音で終わる場合で使い分けます。

を	를	母音で終わる (単語の最後にパッチムがない) 語に	例) 접시<皿> ⇒ 접시를 <皿を>
	을	子音で終わる (単語の最後にパッチムがある) 語に	例) 컵<コップ> ⇒ 컵을 <コップを>

【練習5】　「를/을」をうち、正しい方に「○」をつけてみよう。

① 김치{를/을}　　<キムチを>　　② 김밥{를/을}　　<海苔巻を>
③ 라면{를/을}　　<ラーメンを>　④ 삼계탕{를/을}　<参鶏湯を>
⑤ 불고기{를/을}　<プルコギを>　⑥ 짬뽕{를/을}　　<チャンポンを>

(補足) 日本語の「を」と韓国語の「를/을」の違い
　以下の動詞の場合、日本語では前の名詞に「に」をつけますが、韓国語では「를/을<を>」をつけるので、注意しましょう。
　　만나다 <会う>, **타다** <乗る>, **닮다** <似ている>
　　　例) 버스를 타다 (×버스에 타다) <バスに乗る>

8-3　에서 <から:場所>

　日本語の「から」に相当する助詞です。前に来る名詞が母音で終わるか子音で終わるか関係ありません。なお、8-4 の「부터」も「から」ですが、「에서」の「から」は前に来る名詞が「**場所**」のときに使います。

例) ① 대학에서<大学から>　② 부산에서<釜山から>　③ 공항에서<空港から>

8-4 부터 〈から：時間・順番〉

　日本語の「から」に相当する助詞です。前に来る名詞が母音で終わるか子音で終わるか関係ありません。8-3の「에서」は前に来る名詞が「場所」のときに使いましたが、「부터」は前に来る名詞が「場所以外」のときに使います。

　例）① 3시**부터** 〈3時**から**〉　② 아야 씨**부터** 〈彩さん**から**〉

【韓国語の「から」のまとめ】

日本語	韓国語	前に来る名詞
から	에서	**場所**
	부터	**場所以外**(時間・順番など)

【練習6】　次の名詞に「에서」か「부터」をつけてみよう。

① 서울　　〈ソウル〉　　② 아침　　〈朝〉　　③ 역　　　〈駅〉
④ 도서관　〈図書館〉　　⑤ 지난주　〈先週〉　⑥ 제 5 과　〈第5課〉

8-5 까지 〈まで〉

　日本語の「まで」に相当する助詞です。前に来る名詞が母音で終わるか子音で終わるか関係ありません。

　例）① 대학에서 집**까지**　　〈大学から家**まで**〉
　　　② 부산에서 서울**까지**　〈釜山からソウル**まで**〉
　　　③ 3시부터 5시**까지**　　〈3時から5時**まで**〉

8-6 로/으로 <で：道具・手段>

　日本語の「で」に相当する助詞です。前の名詞が「道具や手段」を表すときに使います。この助詞は前に来る名詞が母音で終わる場合、子音で終わる場合、「ㄹ」で終わる場合で使い分けます。

前に来る名詞	「で」	例
母音で終わる場合 (単語の最後にパッチムがない)	로	지우개 <消しゴム> ⇒지우개로 <消しゴムで>
子音で終わる場合 (単語の最後にパッチムがある)	으로	볼펜 <ボールペン> ⇒볼펜으로 <ボールペンで>
単語の最後のパッチムが 「ㄹ」の場合	로	연필 <鉛筆> ⇒연필로 <鉛筆で>(×연필으로)

【練習7】　「로/으로」のうち、正しい方に「○」をつけてみよう。

① 택시{로/으로}　<タクシーで>　② 고속선{로/으로}　<高速船で>
③ 전철{로/으로}　<電車で>　　④ 숟가락{로/으로}　<スプーンで>
⑤ 칼{로/으로}　　<包丁で>　　⑥ 가위{로/으로}　　<はさみで>

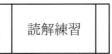
読解練習

1.　次の文を日本語に直してみよう。

① 나는 집에서 대학 앞까지 전철과 버스로 다녀요.
② 삼 교시 수업은 몇 시부터 시작해요?
③ 이번 주 월요일부터 금요일까지 계절학기가 있어요.
④ 도쿄에서 나가사키까지 비행기로 얼마나 걸려요?
⑤ 오늘은 여섯 시 반부터 아홉 시까지 아르바이트가 있어요.
⑥ 보통 토요일에는 빨래와 청소를 해요. 일요일에는 그냥 쉬어요.
⑦ 우리 엄마는 한국 드라마를 좋아해요. 나도 좋아해요.
⑧ 학교에서 시청까지 몇 번 버스를 타요?
⑨ 그 집의 짬뽕과 사라우동은 진짜 맛있어요.

2. 次の文章を読んで、下の問いに答えてみよう。

【아야의 하루<彩の1日>】

나는 보통 매일 여섯 시 반에 일어나요. 그리고 일곱 시에 아침을 먹어요. 여덟 시에 집을 나가요. 집에서 학교까지 버스로 다녀요. 학교에는 여덟 시 사십 분쯤에 도착해요. 일 교시 수업은 아홉 시부터 시작돼요. 오늘은 일 교시부터 삼 교시까지 수업이 있어요. 열두 시부터 오후 한 시까지 점심시간이에요. 저는 보통 학교식당에서 점심을 먹어요. 삼 교시는 한국어 수업이에요. 한국어는 정말 재미있어요. 삼 교시 수업은 두 시 사십 분에 끝나요. 수업 후에는 보통 아르바이트가 있어요. 오늘은 다섯 시부터 아홉 시까지 해요. 아홉 시 반쯤에 집에 도착해요. 바로 샤워를 해요. 그 후에 저녁을 먹어요. 매일 밤에 소설책을 읽어요. 그리고 보통 열두 시쯤에 자요.

【問い1】 次の質問に答えてみよう。

① 彩さんは毎朝何時に家を出ますか?
② 大学の1時間目の授業は何時から始まりますか?
③ この日彩さんは何時から何時までアルバイトをしますか?

【問い2】 本文の内容と合っていれば「〇」、合っていなければ「×」を入れてみよう。

① 彩は家から大学までバスで通っている。　　　　　　　　　　[　　　]
② 彩は昼食にいつも売店で弁当を買って食べている。　　　　　[　　　]
③ 彩は韓国語の授業を楽しみにしている。　　　　　　　　　　[　　　]
④ 彩は夕食後にシャワーをしている。　　　　　　　　　　　　[　　　]
⑤ 彩は毎日寝る前にテレビを見る。　　　　　　　　　　　　　[　　　]
⑥ 彩はいつもだいたい11時頃に寝ている。　　　　　　　　　 [　　　]

【単語】 계절학기<集中講義>　비행기<飛行機>　빨래<洗濯>　청소<掃除>
그냥<ただ>　시청<市役所>　진짜<本当に>　후에<後に>　소설책<小説>

作文練習

1. 自分の1日の日課について作文してみよう。

> 例) 나는 보통 8시에 일어나요. 8시 30분쯤에 아침을 먹어요.
> 그리고…

2. 次の文を韓国語に直してみよう。

① 私は毎朝バスで大学に来ます。
② 8月6日から9月20日まで夏休み(여름방학)です。
③ 週末は主に(주로)何をしますか?
④ 週末は朝から晩まで勉強をします。
⑤ 午後5時から市内(시내)で友だちに会います。
⑥ 夕食に何を食べますか?
⑦ 私は参鶏湯(삼계탕)が好きです。
⑧ 参鶏湯はちょっと高いです。
⑨ 参鶏湯は普通、箸(젓가락)とスプーンで食べます。
⑩ この店の参鶏湯はとてもおいしいです。

会話練習

1. 相手の故郷を聞き、そこから目的地までどうやって行くのか聞いてみよう。

[ぺ]

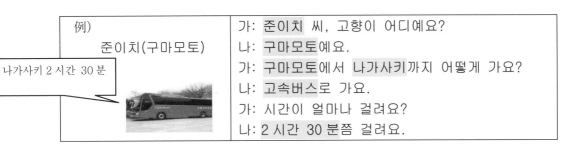

例) 준이치(구마모토)
나가사키 2시간 30분

가: 준이치 씨, 고향이 어디예요?
나: 구마모토예요.
가: 구마모토에서 나가사키까지 어떻게 가요?
나: 고속버스로 가요.
가: 시간이 얼마나 걸려요?
나: 2시간 30분쯤 걸려요.

① 지민 (부산) — 후쿠오카 3시간
② 아야 (나가사키) — 서울 1시간 40분
③ 리코 (미야자키) — 오이타 2시간 50분

④ 自由に

【교통수단<交通手段>】

버스(고속,시내)	자동차	지하철(전철)	배(고속선)	자전거
기차	오토바이	택시	비행기	걸어서

2. 相手にどこに住んでいるか、どうやって学校まで来るのかを聞いてみよう。
[ペ]

> 例)
> 가: 승기 씨, 어디에 살아요?
> 나: 스미요시에 살아요. 혼자 살아요.
> 가: 스미요시에서 학교까지 어떻게 와요?
> 나: 버스로 와요.

【単語】
혼자 살다 〈一人暮らしする〉
자취하다 〈自炊する〉
하숙하다 〈下宿する〉
기숙사에 살다 〈寮に住む〉
부모님하고 같이 살다
〈実家に住む〉

3. 相手の日課について聞いてみよう。[ペ]

例) 가: 보통 〈몇 시에〉 일어나요?   〈いつも何時に起きますか?〉
　　나: 여섯 시 반에 일어나요.   〈6時半に起きます〉
　　가: 나는 일곱 시에 일어나요.   〈私は7時に起きます〉

例) 〈몇 시에〉 일어나다	① 〈몇 시에〉 아침을 먹다	② 〈몇 시에〉 학교에 가다
나: 친구:	나: 친구:	나: 친구:
③ 〈몇 시에〉 점심을 먹다	④ 〈몇 시부터 몇 시까지〉 수업이 있다	⑤ 〈몇 시부터 몇 시까지〉 알바를 하다
나: 친구:	나: 친구:	나: 친구:
⑥ 〈몇 시부터 몇 시까지〉 숙제를 하다	⑦ 〈몇 시부터 몇 시까지〉 텔레비전을 보다	⑧ 〈몇 시에〉 자다(잠 들다)
나: 친구:	나: 친구:	나: 친구:

4. 2・3の内容についてみんなの前でその人のことを紹介しよう。[ス]

> 例) 내 친구 박승기예요.
> 승기는 스미요시에 살아요. 혼자 살아요.
> 집에서 학교까지 버스로 와요.
> ……

5. 下の地図を参考にしながら、みなさんの故郷や今住んでいる地域の「有名なもの」について話してみよう。[グ]

例) 가: 나가사키는 뭐로 유명해요?
　　〈長崎は何で有名ですか?〉
　　나: 짬뽕하고 카스텔라로/으로 유명해요.
　　〈チャンポンとカステラで有名です〉

【지방 특산품〈地方特産品〉】

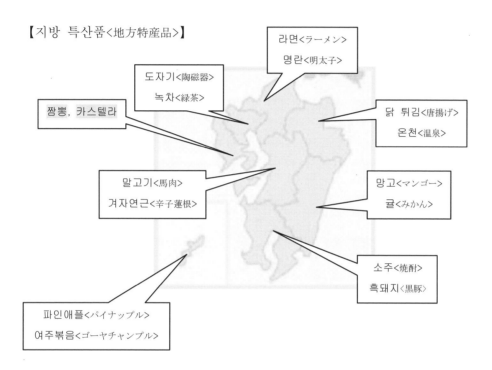

호두과자〈胡桃菓子〉(天安)　안동소주〈安東焼酎〉(安東)　밀면〈ミルミョン〉(釜山)

6. 相手にスポーツと韓国の歌手について好きか嫌いか尋ねてみよう。［グ］

① 스포츠＜スポーツ＞

　　가: ○○씨는 스포츠를 좋아해요?　　＜○○さんはスポーツが好きですか?＞
　　나: 네, 좋아해요.　　　　　　　　＜はい、好きです＞
　　　　(or 아뇨, 싫어해요.　　　　　＜いいえ、嫌いです＞)
　　가: 무슨 스포츠를 좋아해요?　　　＜どんなスポーツが好きですか?＞
　　나: □□를/을 좋아해요.　　　　　＜□□が好きです＞

> 축구＜サッカー＞　야구＜野球＞　농구＜バスケットボール＞　배구＜バレーボール＞
> 탁구＜卓球＞　당구＜ビリヤード＞　배드민턴＜バドミントン＞　테니스＜テニス＞
> 조깅＜ジョギング＞　마라톤＜マラソン＞　수영＜水泳＞
> 스키＜スキー＞　스케이트＜スケート＞　태권도＜テコンドー＞

② 한국 가수＜韓国の歌手＞

　　가: ○○씨는 한국 가수를 좋아해요?　＜○○さんは韓国の歌手が好きですか?＞
　　나: 네, 좋아해요.　　　　　　　　＜はい、好きです＞
　　　　(or 아뇨, 관심이 없어요.　　　＜いいえ、興味がありません＞)
　　가: 누구를 좋아해요?　　　　　　　＜誰が好きですか?＞
　　나: □□를/을 좋아해요.　　　　　＜□□が好きです＞

이름	스포츠	한국 가수
①		
②		
③		
④		
⑤		

| | 聴解練習 | |

1. 次の( )に聞こえたことばを書き込んでみよう。　　　　　　　　　CD14

　　① 서울(　　) 부산(　　) 시간이 얼마나 걸려요?
　　② KTX(　　)(　　)시간쯤 걸려요.
　　③ 6시(　　)(　　)시까지 아르바이트가 있어요.
　　④ 집(　　) 학교(　　) 버스(　　) 와요.

2. 知民さんの日課を完成させてみよう。　　　　　　　　　CD15

6:00	(ⓐ 일어나요　ⓑ 운동해요)
(ⓐ 7:00　ⓑ 8:00)	아침을 먹어요
8:30	(ⓐ 학교에 가요　ⓑ 학교에 도착해요)
(　:　)~(　:　)	수업이 있어요
(　:　)~17:30	도서관에서(ⓐ 책을 읽어요　ⓑ 숙제를 해요)
18:00~20:00	(ⓐ 편의점　ⓑ 음식점)에서 아르바이트를 해요
(　:　)	집에 가요
	(ⓐ 샤워해요　ⓑ 텔레비전을 봐요　ⓒ 소설책을 읽어요)
(ⓐ 23:00　ⓑ 24:00)	자요

부산역<釜山駅>

KTX

제 9 과 지난 주말에 뭘 했어요?

> 目標
> ① 過去の出来事について話せるようになる。
> ② ものごとを否定できるようになる。

지　민: 지난 주말에 뭘 했어요?
준이치: 토요일에는 집에서 청소하고 빨래를 했어요.
　　　　 그리고 일요일에는 시내에서 영화를 봤어요.
　　　　 지민 씨는 뭘 했어요?
지　민: 나는 아무것도 안 했어요. 그냥 기숙사 방에서
　　　　 쉬었어요.
준이치: 왜요? 몸이 안 좋았어요?
지　민: 아뇨. 기숙사 근처에는 아무것도 없어요. 그래서
　　　　 심심해요.
준이치: 그럼 다음 주말에 같이 글로버정원이나
　　　　 차이나타운에 가요.

【発音】

주말에[주마레]　　　　안 했어요[아내써요]
뭘 했어요[뭐래써요]　쉬었어요[쉬어써요]
토요일에는[토요이레는]　몸이[모미]
집에서[지베서]　　　　좋았어요[조아써요]
했어요[해써요]　　　　없어요[업써요]
일요일에는[이료이레는]　심심해요[심시매요]
영화[영와]　　　　　　다음 주말에[다음 쭈마레]
봤어요[봐써요]　　　　같이[가치]
아무것도[아무걷또]　　글로버정원이나[글로버정워니나]

【単語】

지난 주말	先週末	쉬다	休む
뭘(<무엇을)	何を	왜	なぜ
토요일	土曜日	몸	体
청소	掃除	좋다	良い
빨래	洗濯	근처	近く・近所
그리고	そして	그래서	それで・だから
일요일	日曜日	심심하다	退屈だ
시내	市内	그럼	じゃあ
영화	映画	다음 주말	来週末
보다	見る	우리	私たち・僕たち
아무것도	何も（〜ない）	같이	一緒に
그냥	ただ・何となく	글로버정원	グラバー園（⇒p.114）
기숙사	寮・寄宿舎	차이나타운	中華街（⇒p.114）
방	部屋		

文法練習

9-1 에서 <で：場所>

　日本語の「で」に相当する助詞です。前に来る名詞が母音で終わるか子音で終わるかを区別する必要はありません。第 8 課にも「에서」が出てきましたが、そこでは「から」と翻訳しました。つまり、韓国語の「에서」を日本語に翻訳すると「から」か「で」になるのです。どういうときに「から」で、どういうときに「で」になるかは、後ろに続く動詞によって判断できます。

　例）① 도서관에서 공부해요.　<図書館{で/*から}勉強します>
　　　② 친구 집에서 놀아요.　　<友だちの家{で/*から}遊びます>
　　　③ 부산에서 왔어요.　　　<釜山{*で/から}来ました>

　後ろに来る動詞が（だいたい）同じ場所でその動作をする場合には「で」と、別の場所に移動する動詞の場合は「から」となるわけです。

　ところで、第 8 課の 8-6 で「で」に相当する助詞として「로/으로」が出てきました。「로/으로」は前に来る名詞が「道具や手段」を表すときに使うと言いましたが、これは「場所以外」のときに使うと覚えればよいでしょう。

【韓国語の「から」と「で」のまとめ】

	から	で
場所	에서	
場所以外	부터	로/으로

【練習 1】　次の(　　)に「에서」か「로/으로」を入れてみよう。

① 편의점(　　) 아르바이트를 해요.
② 우체국(　　) EMS(　　) 짐을 보내요.
③ 요즘 학생들은 인터넷(　　) 책을 사요.
④ 이번 주말에 아야 집(　　) 같이 파티를 해요.
⑤ 후쿠오카(　　) 부산까지 고속선(　　) 3시간 걸려요.
⑥ 나가사키는 짬뽕과 카스텔라(　　) 유명해요.

9-2 나/이나 〈か・や〉

　日本語の「か」や「や」に相当する助詞です。前に来る名詞が母音で終わるか子音で終わるかによって使い分けます。

　　例) ① 김치**나** 나물　　〈キムチ**や**ナムル・キムチ**か**ナムル〉
　　　　② 나물**이나** 김치　〈ナムル**や**キムチ・ナムル**か**キムチ〉

　韓国語は「か」と「な」が同じで紛らわしくないのかと思うかもしれません。実際に紛らわしいこともあるのですが、多くの場合は文脈（会話の状況）からどちらの意味なのか判断できます。

　　例) ① 이 집은 김치**나** 나물이 맛있어요.
　　　　　〈この店はキムチ{や/??か}ナムルがおいしいです〉
　　　　② 뭘 마셔요? —석류차**나** 대추차로 해요.
　　　　　〈何を飲みますか?—石榴茶{??や/か}ナツメ茶にします〉

【練習2】　「나/이나」のうち、正しい方に「○」をつけてみよう。

① 내일{나/이나} 모레　　　〈明日{や/か}明後日〉
② 카스텔라{나/이나} 짬뽕　〈カステラ{や/か}チャンポン〉
③ 부산{나/이나} 서울　　　〈釜山{や/か}ソウル〉

9-3　Ⅲ-ㅆ어요 〈～でした・～ました：過去〉

　動詞や形容詞の「過去形（～でした・～ました）」は、動詞や形容詞を、第8課で学んだ活用形の**第3類**にして、「-ㅆ어요」をつければよいです。
　第8課で見た現在（未来）の丁寧形（です・ます形）は、「요」でしたから、間に「ㅆ어」が入ったことになります。この部分が過去形なのです（後ろが「요」になっているのは丁寧形です）。聞き取る際も、文末の「요」の前に「써」が聞こえればそれは過去形だとすぐに判断できるわけです。

　　例) ① 받다〈もらう〉 ⇒ 받**아요**〈もらいます〉/ 받**았어요**〈もらいました〉
　　　　② 먹다〈食べる〉 ⇒ 먹**어요**〈食べます〉 / 먹**었어요**〈食べました〉

文の最後を上げて発音すれば、疑問文になります。

① 세뱃돈을 **받았어요**? —네, **받았어요**.
　　<お年玉をもらいましたか？ — はい、もらいました>
② 밥 **먹었어요**? —네, **먹었어요**.
　　<ご飯食べましたか？ — はい、食べました>

【練習 3】　次の用言を過去形にしてみよう。

① 알다　　<分かる>　　② 좋다　　<良い・好きだ>　　③ 웃다　　<笑う>
④ 씻다　　<洗う>　　　⑤ 늦다　　<遅い・遅れる>　　⑥ 쉬다　　<休む>
⑦ 비싸다　<(値段が)高い>　⑧ 펴다　　<(本を)開く>　⑨ 지내다　<過ごす>
⑩ 나오다　<出てくる>　　⑪ 바꾸다　<変える・交換する>
⑫ 내리다　<降りる>　　　⑬ 잊어버리다　<忘れる>
⑭ 유명하다<有名だ>　　　⑮ 편하다　　<楽だ>

(補足) 第 4 課で学んだ「예요/이에요」を過去形にすると「였어요/이었어요」になります。
　　　同様に、第 5 課で学んだ否定の「아니에요」の過去形は「아니었어요」です。

　　例) ① 남자 친구**예요**.　⇒ 남자 친구**였어요**.　<彼氏でした>
　　　　② 오늘**이에요**.　　⇒ 오늘**이었어요**.　　<今日でした>
　　　　③ 휴강이 **아니에요**.　⇒ 휴강이 **아니었어요**. <休講ではありませんでした>

9-4　안 <～ない：否定>

用言の否定形は、**用言の前に**「안」を入れるだけです。これは話しことばで主に用いる形で、書きことばで主に使う形も別にありますが、書きことばの形は後に学びます。

例) ① 내일은 학교에 가요.　⇒ 내일은 학교에 **안** 가요.
　　　<明日は学校に行きます　⇒ 明日は学校に**行きません**>
　　② 아침 먹었어요.　　　⇒ 아침 **안** 먹었어요.
　　　<朝食べました　　　　⇒ 朝**食べませんでした**>
　　③ 숙제 했어요.　　　　⇒ 숙제 **안** 했어요. (×안 숙제했어요)
　　　<宿題しました　　　　⇒ 宿題しませんでした＝宿題していません>

【練習4】　次の文を「否定形」にしてみよう。

① 집에서 학교까지 30 분 걸려요.　　　<家から学校まで30分かかります>
② 나는 도서관에서 공부해요.　　　　　<私は図書館で勉強します>
③ 어제 동아리 모임에 갔어요.　　　　　<昨日サークルの集まりに行きました>
④ 한국에서 삼계탕을 먹었어요.　　　　<韓国で参鶏湯を食べました>

9-5　못 <〜られない：不可能>

9-4の「안」を「못」に変えるだけで、「不可能（〜できない）」を表す形になります。「못」も話しことばで主に用いる形で、書きことばで主に使う形も別にありますが、書きことばの形は後に学びます。

例)　① 내일은 학교에 가요.　⇒　내일은 학교에 **못** 가요.
　　　　<明日は学校に行きます　⇒　明日は学校に**行けません**>
　　② 아침 먹었어요.　　　⇒　아침 **못** 먹었어요.
　　　　<朝食食べました　　⇒　朝食**食べられませんでした**>
　　③ 숙제했어요.　　　　　⇒　숙제 **못** 했어요. (×못 숙제했어요)
　　　　<宿題しました　　　⇒　宿題**できませんでした**>

【練習5】　次の文を「不可能形」にしてみよう。

① 저는 오이를 안 먹어요.　　　　　　　<私はきゅうりを食べません>
② 나가사키 사람들은 자전거를 안 타요. <長崎の人は自転車に乗りません>
③ 아야 씨는 술을 안 마셔요.　　　　　　<彩さんはお酒を飲みません>
④ 아까 전화 안 받았어요.　　　　　　　<さっき電話に出ませんでした>
⑤ 부산에서 친구를 안 만났어요.　　　　<釜山で友だちに会いませんでした>

読解問題

1. 次の文を日本語に直してみよう。

　① 오늘 동아리 모임은 어디서 해요?
　② 토요일에는 학교에 거의 안 가요.
　③ 지난 일요일에 뭘 했어요?
　④ 아무것도 안 했어요. 공부도 운동도 못 했어요.
　⑤ 저는 담배를 안 피워요.
　⑥ 나가사키 카스텔라를 처음 먹었어요.
　⑦ 저는 비빔밥이나 삼계탕을 좋아해요.
　⑧ 점심을 안 먹었어요? ― 네, 못 먹었어요.
　⑨ 나는 술을 못 마셔요.
　⑩ 10시 차를 못 탔어요.

2. 次の文章を読んで、下の問いに答えてみよう。

지민의 일기 <知民の日記>

5월 3일(금)
오늘은 아야랑 둘이서 시내에 갔어요. 시내까지 버스로 40분 걸렸어요. 오늘 카스텔라를 처음 먹었어요. 그런데 카스텔라는 좀 비싸요. 짬뽕은 못 먹었어요. 일본은 내일도 모레도 휴일이에요. 그래서 모레도 또 시내에 가요. 모레는 승기 오빠도 같이 셋이서 박물관에 가요.

5월 5일(일)
오늘은 10시부터 박물관에 갔어요. 오늘은 처음으로 나가사키 전철을 탔어요. 시내까지 30분 걸렸어요. 박물관에서는 나가사키의 역사와 전통문화를 배웠어요. 아주 재미있었어요. 점심에는 그냥 식당에서 우동을 먹었어요. 또 짬뽕을 못 먹었어요. 오후에는 백화점에 갔어요. 하지만 나는 아무것도 안 샀어요. 그냥 옷과 가방을 구경만 했어요.

5월 6일(월)
오늘은 아침부터 비가 왔어요. 그래서 밖에 안 나갔어요. 하루종일 기숙사에서 푹 쉬었어요. 이번 휴일 동안에는 공부를 못 했어요. 그래서 일본어 숙제를 좀 했어요. 내일부터 다시 수업이 시작돼요. 아휴, 싫어요!

【問い】　本文の内容と合っていれば「〇」、合っていなければ「×」を入れてみよう。

① ５月３日、知民は彩と承基と３人で市内に行った。　　　　　[　　]
② 知民はこれまでカステラを食べたことがなかった。　　　　　[　　]
③ 知民の家から市内までバスより電車の方が早く着いた。　　　[　　]
④ 知民は長崎の歴史や伝統文化にあまり関心がない。　　　　　[　　]
⑤ 博物館に行った日、知民は初めて長崎チャンポンを食べた。　[　　]
⑥ 知民はデパートで服は買わずにカバンだけ買った。　　　　　[　　]
⑦ ５月６日は雨だったので、知民は家から外に出なかった。　　[　　]
⑧ 知民は大学の授業は楽しいが、宿題をするのを忘れていた。　[　　]

【単語】
동아리<サークル>　모임<集まり>　거의<ほとんど>　담배<たばこ>　피우다<吸う>
처음<初めて>　차<電車・車>　　박물관<博物館>　역사<歴史>　전통문화<伝統文化>
백화점<デパート>　하루종일<一日中>　동안<間>　다시<また・再び>

전철<路面電車>

作文問題

1. 下線部に適切な語句を入れて、会話文を完成させてみよう。

┌─────────────────────────┐
│ ……………씨, 주말 잘 보냈어요? │
│ 뭘 했어요? │
└─────────────────────────┘

┌─────────────────────────────────┐
│ 토요일에는 …………………………………… │
│   │
│ 일요일에는 …………………………………… │
│   │
│ ……………씨는요? │
└─────────────────────────────────┘

┌─────────────────────────────┐
│ 저는 ………………………………………… │
│ ……………………………………………… │
└─────────────────────────────┘

┌─────────────────────────────────┐
│ 자주・가끔 …………………………………… │
│ ……………………………………………해요? │
└─────────────────────────────────┘

┌─────────────────────────────┐
│ 네. 자주・가끔 ……………………… │
│ ……………………………………………… │
│ or │
│ 아뇨, 거의 안 ……………………… │
│ ……………………………………………… │
└─────────────────────────────┘

┌─────────────────────────────────┐
│ 아, 그래요? 저 이번 주말에 │
│ ……………………………랑/이랑 …………… │
│ ……………………………………………………… │
└─────────────────────────────────┘

2. 次の文を韓国語に直してみよう。

① 明日、何時にどこで会いますか? ― 9時に彩さんの家の前で会いましょう。
② 私は普段朝ごはんを食べません。
③ 今日は朝5時に起きました。朝ごはんも食べました。
④ 普段週末は何をしますか? ― DVDで韓国映画やドラマを見ます。
⑤ アルバイトはありましたか? ― いいえ、ありませんでした。
⑥ 宿題は終わりましたか? ― いいえ、まだしていません。
⑦ 長崎の人は自転車(자전거)に乗れません。いや、乗りません。
⑧ 週末に家族が来ました。だから家で休めませんでした。
⑨ ソウルで景福宮(경복궁)と昌徳宮(창덕궁)に行かなかったんですか?
　　― はい、行けませんでした。時間がありませんでした。
⑩ 長崎は今日も雨が降りました。

会話練習

1. 例にならって話してみよう。同時に副詞も書いてみよう。[グ]

   例) 가: 시내에 자주 가요?　　＜市内によく行きますか?＞
   　　나: 네, 자주 가요.　　　　＜はい、よく行きます＞
   　　or 아뇨, 시내에 거의 안 가요. ＜いいえ、市内にはほとんど行きません＞

質問	친구 1 (　　)	친구 2 (　　)	친구 3 (　　)
	副詞	副詞	副詞
例) 시내에 가다 ＜市内に行く＞			
① 친구를 만나다 ＜友だちに会う＞			
② 도서관에 가다 ＜図書館に行く＞			
③ 커피를 마시다 ＜コーヒーを飲む＞			
④ 술을 마시다 ＜お酒を飲む＞			
⑤ 부모님께 전화하다 ＜両親に電話する＞			
⑥ 목욕을 하다 ＜風呂に入る＞			
⑦ 운동을 하다 ＜運動をする＞			
⑧ 방 청소를 하다 ＜部屋の掃除をする＞			
⑨ 택시를 타다 ＜タクシーに乗る＞			

매일/날마다 ＜毎日＞	자주 ＜よく＞	가끔 ＜ときどき＞	거의 안 ＜ほとんどしない＞	전혀 안 ＜全くしない＞

2. 例にならって話してみよう。[ペ]

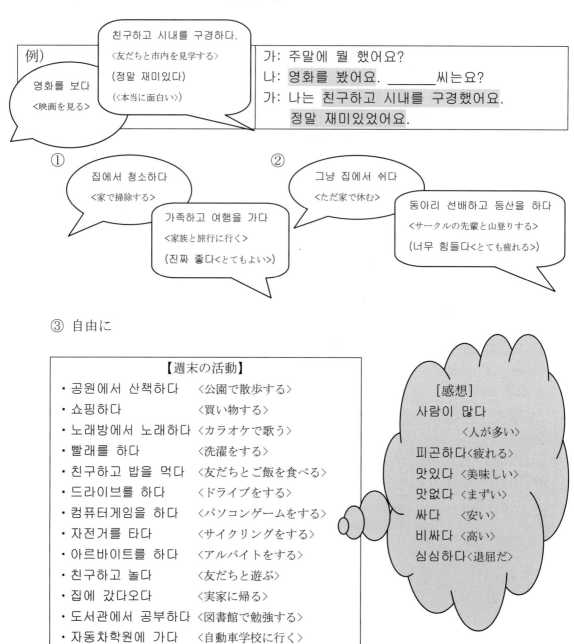

③ 自由に

3. 次の質問に答えてみよう。[ペ]

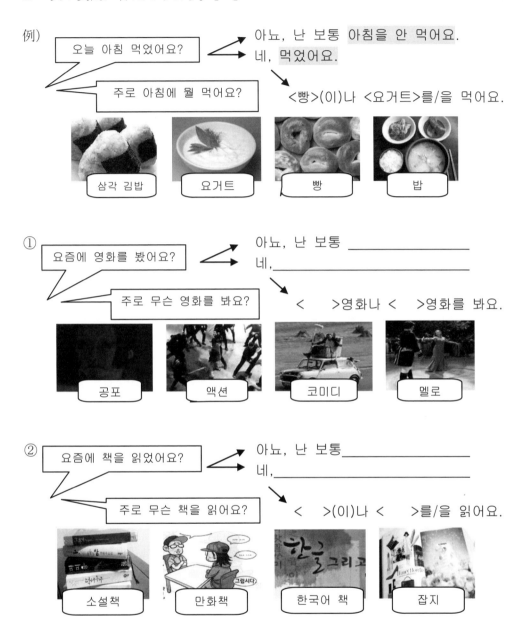

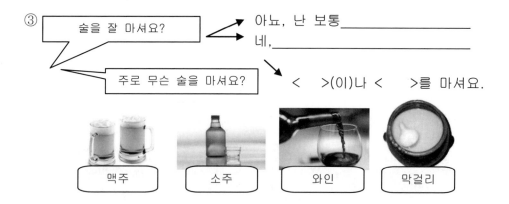

4. 1〜3 で練習した内容をまとめて、みんなの前で自分のことを発表してみよう。［ス］

> 例) 저는 잘 책을 읽어요. 주로 소설책이나 잡지를 읽어요. 시내에는 거의 안 가요. 하지만 지난 주말에 시내에서 친구하고 코미디 영화를 봤어요. 정말 재미있었어요.

聴解練習

1. 会話文に出てくる「나/이나」は「か」と「や」のどちらの意味で使っているか、合っている方に「○」をつけてみよう（両方同時のこともあります）。

CD16

	「か」	「や」
例		○
①		
②		
③		
④		

2. 会話文の内容が過去のことであれば「過去」のところに「○」を、否定（不可能）文であれば「否定」のところに「○」をつけてみよう（両方同時のこともあります）。

CD17

	過去	否定
例		○
①		
②		
③		
④		
⑤		
⑥		
⑦		

제 10 과 왼쪽으로 가면 전철역이 있어요.

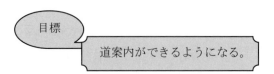

目標: 道案内ができるようになる。

지민: 글로버정원까지 어떻게 가면 돼요?
아야: 우선 학교 앞 정류장에서 20(이십)번 버스를 타세요.
그리고 신치에서 전철로 갈아타세요. 5(오)번 전철을 타면 돼요. 1(일)번이나 3(삼)번을 타면 안 돼요.
지민: 전철역은 어디에 있어요?
아야: 신치에서 왼쪽으로 조금만 가면 있어요.
지민: 어디서 내리면 돼요?
아야: 종점에서 내리면 바로 앞에 엘리베이터가 있어요. 그걸 타면 글로버정원 뒷문으로 가요.
지민: 네, 고마워요.

【発音】
어떻게[어떠케]
학교[학꾜]
정류장[정뉴장]
이십번[이십뻔]
갈아타세요[가라타세요]
전철을[전처를]
일번이나[일버니나]

삼번을[삼버늘]
전철역[전철력]
왼쪽으로[왼쪼그로]
종점에서[종쩌메서]
앞에[아페]
뒷문으로[뒨무느로]

【単語】

어떻게	どうやって	역	駅
우선	まず	왼쪽	左側
앞	前	조금만	ちょっとだけ
정류장	停留所	어디서(<어디에서)	どこで
번	番	내리다	降りる
버스	バス	종점	終点
타다	乗る	바로	すぐに・まさに
그리고	そして	엘리베이터	エレベーター
신치	新地（⇒p.114）	그걸(<그것을)	それを
전철	電車・路面電車	뒷문	裏門
갈아타다	乗り換える	고마워요	ありがとう

文法練習

10-1 로/으로 〈へ：方向〉

第8課で学んだ「로/으로(で)」<p.88>と同じ形が、韓国語では方向を表す「へ」の意味にもなります。「로/으로」が「で」になるか「へ」になるかは前後の文脈から判断できます。

例) ① 그 사거리를 오른쪽으로 가세요.
　　　　〈その交差点を右へ(*で)行ってください〉
　　② 미국 대학으로 유학 가요.
　　　　〈アメリカの大学へ(*で)留学に行きます〉

10-2 Ⅱ-세요 〈～てください：丁寧な命令〉

「Ⅱ-세요」は「～してください」というふうに丁寧に命令をする形になります。この表現は第8・9課で学んだ丁寧形や過去形と活用のしかたが異なります。

【作り方】

手順		
	① 最後の「다」をとる	
	보다 ⇒ 보	찾다 ⇒ 찾
	②「다」をとった残りの部分の最後が ・母音で終わる(パッチムがない)場合はそのまま ・子音で終わる(パッチムがある)場合は「으」を入れる	
	보 ⇒ 보	찾 ⇒ 찾으
	「보」はパッチムなし	「찾」はパッチムあり
	③ その後ろに「세요」をつける	
	보 ⇒ 보세요	찾 ⇒ 찾으세요

この形は、「다」をとって残った部分の最後が「ㄹ」で終わる用言の場合は、「ㄹ」をとらなければなりません。不規則になりますので注意してください。

	例	
母音で終わる語	보다 ➡	보세요
子音で終わる語	찾다 ➡	찾으세요
ㄹで終わる語	살다 ➡	**사세요** (×살으세요, ×살세요)

例） ① 이 컴퓨터을 **쓰세요**. <このパソコンを**使ってください**>
　　 ② 이쪽으로 **앉으세요**. <こちらに**お座りください**>

【練習1】　次の動詞を「Ⅱ-세요」の形に変えてみよう。

① 일어나다 <起きる>　② 잡다 <捕まえる>　③ 주다 　<くれる>
④ 열다　　<開ける>　⑤ 읽다 <読む>　　　⑥ 입다 　<着る>
⑦ 오다　　<来る>　　⑧ 팔다 <売る>　　　⑨ 복습하다 <復習する>
⑩ 닫다　　<閉める>

* 「먹다<食べる>」と「마시다<飲む>」に「세요」をつける場合、「드세요」という全く別の形になるので注意してください。
　　먹다 ⇒ 드세요 (×먹으세요)　　마시다 ⇒ 드세요 (×마시세요)

(補足)「Ⅱ-세요」は日本語に翻訳すると「～してください」といった感じの意味になりますが、命令形なので、その動作は言った相手自身が自分のためにすることが前提です。例えば、宿題で分からないところがあって教えてほしいときに、日本語では「教えてください」といいますが、これを「가르치세요」というととても変です。これだと例えば、相手に家庭教師のアルバイトを勧めているような意味になります。

10-2で学んだ丁寧な命令形「세요」をつけるときの用言の活用(【練習1】において「세요」をとった形)が「第2類」です（活用についてはp.170の【附録1】を参照してください）。

10-3　Ⅱ-면 〈〜すれば・〜したら・〜すると：仮定・条件〉

「AすればB」、「AしたらB」、「AするとB」の「れば、たら、と」に相当する形が「Ⅱ-면」です。10-2で学んだ「Ⅱ-세요」と同様に、活用の第2類につきます。ただし、「다」を取った最後の部分が「ㄹ」で終わる用言の場合は、不規則になりますので注意が必要です。

	例	
母音で終わる用言	보다 ➡	보면
子音で終わる用言	찾다 ➡	찾으면
ㄹで終わる用言	살다 ➡	**살면**(×살으면, ×사면)

例）① 시간만 **있으면** 책을 읽어요.
　　　　〈時間さえ**あれば**本を読みます〉
　　② 다리가 **아프면** 앉으세요.
　　　　〈足が**痛かったら**座ってください〉
　　③ 내일 비가 **오면** 바닷가에 못 가요.
　　　　〈明日雨が**降ったら**海辺に行けません〉
　　④ 그 길을 왼쪽으로 **가면** 바로 앞에 있어요.
　　　　〈その道を左に**行けば**すぐ前にあります〉

【練習2】　次の用言に「Ⅱ-면」をつけてください。

① 입다　〈着る〉　　② 쓰다　〈書く・使う・苦い〉　③ 달다　〈甘い〉
④ 귀찮다　〈面倒だ〉　⑤ 좋다　〈よい〉　　　　　　⑥ 멀다　〈遠い〉
⑦ 늦다　〈遅い〉　　⑧ 맛없다　〈まずい〉　　　　　⑨ 마시다　〈飲む〉
⑩ 한가하다　〈暇だ〉

글로버정원〈グラバー園〉

신치 차이나타운〈新地中華街〉

10-4　Ⅱ-면 되다 〈～すればよい：助言〉

「되다」は「よい・なる」といった意味の動詞です。これを「Ⅱ-면」と一緒に使えば、日本語と同様に「～すればよい」という意味になります。

例） ① 전철을 **타면 돼요**.　　　〈電車に**乗ったら**いいですよ〉
　　 ② 나중에 **전화하면 돼요**.　〈あとで**電話すれば**いいですよ〉
　　 ③ **하면 돼요**.　　　　　　〈成せば成ります〉

> (参考)「되다」のもとの意味
> 　　대학생이 되다〈大学生になる〉　의사가 되다〈医者になる〉
> 　　돼요.〈いいですよ〉　됐어요.〈結構です〉
> ＊「～になる」は「가/이 되다」であって、「에 되다」ではないので注意しましょう。

10-5　Ⅱ-면 안 되다 〈～してはいけない：忠告〉

10-4の「Ⅱ-면 되다」と第9課で学んだ否定形の「안」を一緒に使えば、日本語と同様に「～しちゃだめだ・～してはいけない」という意味になります。

例） ① 그쪽으로 **가면 안 돼요**.　　　〈そっちへ**行っちゃ**だめです〉
　　 ② 잔디를 **밟으면 안 돼요**.　　　〈芝生を**踏んだら**だめです〉
　　 ③ 청소년은 술을 **마시면 안 돼요**.　〈未成年はお酒を**飲んだら**だめです〉
　　 ④ 여기서 담배를 **피우면 안 돼요**.　〈ここで煙草を**吸って**はいけません〉

> (参考)「안 되다」のもとの意味
> 　　안 돼요.〈よくないです ⇒ だめです〉

読解練習

1. 次の文を日本語に直してみよう。

   ① 횡단보도를 건너세요. 그리고 두 번째 신호등에서 왼쪽으로 가세요.
   ② 그 언덕길을 올라가면 바다가 보여요.
   ③ 이 역에서 삼 번 전철로 갈아타세요.
   ④ 내일 시간이 있으면 꼭 오세요.
   ⑤ 나가사키역까지 어떻게 가면 돼요?
   ⑥ 거기까지 멀면 택시를 타면 돼요.
   ⑦ 그 사거리에서 왼쪽으로 가세요. 오른쪽으로 가면 안 돼요.
   ⑧ 한국에서는 휴지를 물에 내리면 안 돼요. 반드시 휴지통에 넣으세요.

   【単語】꼭＜絶対に＞ 휴지＜トイレットペーパー＞　반드시＜必ず＞（p.120 も参照）

2. 次の会話文を読んで、彩の家までの行き方を地図に書いてみよう。

   지민: 학교에서 아야 씨 집까지 어떻게 가요?
   아야: 우리 집이요? 우선 시내버스나 학교버스로 '스미요시'까지 가세요. 정류장에서 내리면 사거리가 있어요. 그 사거리에서 횡단보도를 건너세요. 왼쪽으로 가면 오른쪽에 '치토세피아'가 보여요. 치토세피아를 지나가면 신호등이 있어요. 그 신호등에서 오른쪽으로 가세요. 거기서 100 미터 정도 가면 왼쪽에 아파트가 보여요. 그 아파트 201 호실이에요.

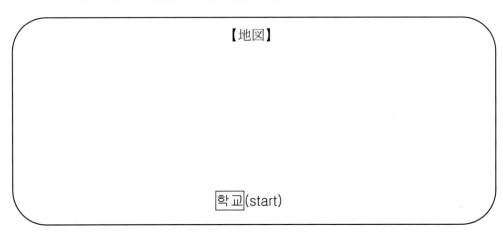

作文練習

1. 次の文を韓国語に直してみよう。

① このバスは市内へ行きますか?
② 夏休みになったら、韓国へ旅行に行きます。
③ 雪(눈)が降ったら、学校に行けません。
④ 時間がなければタクシーに乗ってください。
⑤ あのう、ここからグラバー園までどうやって行けばいいですか?
⑥ まっすぐ行けば、右側にコンビニが見えます。
⑦ そのコンビニを右へ行ってください。左へ行っちゃだめです。
⑧ 韓国でもお酒を飲んだら、車を運転(운전)してはいけません。

2. 下の地図を見ながら、教師が指示する目的地までの行き方を作文してみよう。

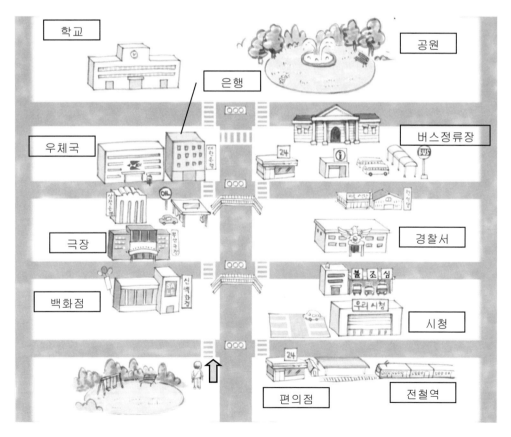

会話練習

1. 次の項目について周りの人にインタビューしてみよう。尋ねられた人は自由に答えてみよう。[グ]

		친구1	친구2
例	몸이 아프면 어떻게 해요? <体調が悪ければどうしますか?>	집에서 쉬어요	
①	피곤하면 어떻게 해요? <疲れたらどうしますか?>		
②	수업 시간에 졸리면 어떻게 해요? <授業時間に眠くなったらどうしますか?>		
③	날씨가 좋으면 뭐 해요? <天気が良ければ何をしますか?>		
④	돈이 없으면 어떻게 해요? <お金がなければどうしますか?>		
⑤	스트레스를 받으면 어떻게 해요? <ストレスを受けたらどうしますか?>		

【回答例】
자다<寝る> 병원에 가다<病院に行く> 목욕하다<風呂に入る> 온천에 가다<温泉に行く> 노래방에서 노래하다<カラオケで歌う> 쇼핑하다<買い物する> 게임을 하다<ゲームをする> 운동하다<運動する> 산책하다<散歩する> 드라이브를 하다 <ドライブをする> 물을 마시다<水を飲む> 커피를 마시다<コーヒーを飲む> 화장실에서 얼굴을 씻다<トイレで顔を洗う> 친구에게 빌리다<友だちに借りる> 아르바이트를 하다<アルバイトをする> 은행에서 돈을 찾다<銀行でお金を下ろす> 친구나 선생님하고 상담을 하다<友だちや先生と相談をする>

2. 次のページの地図を見ながら、一方は道を尋ね、もう一方はその場所までの行き方を教えてみよう。[ペ]

例) 가: 실례합니다. 여기서 도서관까지 어떻게 가요?
　　나: 도서관이요? 우선 첫 번째 사거리에서 오른쪽으로 가세요.
　　　　그리고 횡단보도를 건너면 극장 옆에 있어요.

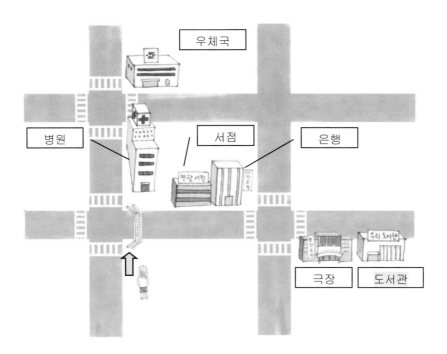

3. 下の地図を見ながら、一方は道を尋ね、もう一方はその場所までの行き方を教えてみよう。[ペ]

【道案内の単語】
병원<病院> 도서관<図書館> 은행<銀行> 우체국<郵便局> 서점<書店>
시청<市役所> 극장<劇場・映画館> 역<駅> 버스터미널<バスターミナル>
공원<公園> 동물원<動物園> 박물관<博物館> 미술관<美術館>
백화점<デパート> 경찰서<警察署> 주유소<ガソリンスタンド> 주차장<駐車場>
파출소<交番> 꽃집<花屋> 식당<食堂> 편의점<コンビニ>
횡단보도<横断歩道> 신호등<信号> 지하도<地下道> 육교<歩道橋> 계단<階段>
사거리<交差点> 삼거리<三叉路> 골목길<路地> 언덕길<坂道> 다리<橋>
동쪽<東> 서쪽<西> 남쪽<南> 북쪽<北> 오른쪽<右> 왼쪽<左>
쭉<まっすぐ> 직진<直進> 앞<前> 옆<横> 맞은편<向かい側> 건너편<向こう側>
건너다<渡る> 올라가다<上がる> 내려가다<下りる> 지나가다<過ぎる>

4. みなさんは友だちを自宅に招待します。学校からみなさんの自宅までの行き方を教えてみよう。招かれる人は、友だちの説明を聞いて、その道順を地図に描いてみよう（例文はp.116の読解練習2の文を参考にしてください）。[ペ]

【友人宅までの地図】

| 聴解練習 |

1. 次の( )に聞こえたことばを書き込んでみよう。　　　　　CD18

　① 스트레스를 (　　　　　　　) 드라이브나 산책을 하세요.
　② 피곤하면 (　　　　　　　).
　③ 술을 너무 마시면 (　　　　　　　).

2. 会話文を聞いて、下のメモを完成させてみよう。　　　　　CD19

```
          파티 약속<パーティーの約束>
요일<曜日>: _____
시작 시간<開始時間>: _____
장소<場所>: _____
몇 번 버스<バス番号>: _____
정류장<降りる停留所>: _____
```

3. 会話文を聞いて、①〜⑤がどこにあるのか、地図上の□内に番号を入れてみよう。　　　　　CD20

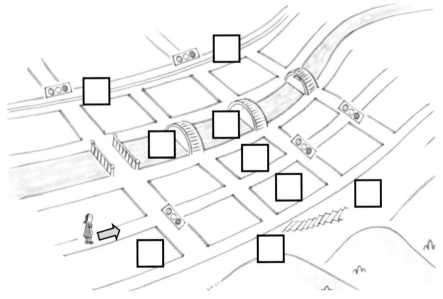

① 카스텔라 집　② 안경다리　③ 짬뽕 집　④ 홍복사(寺)　⑤ 전철역
　　　(⇒p.132)　　　　　　　　　(⇒p.132)

제11과 나는 특선 짬뽕을 시킬래요.

目標
① 食堂で料理の注文ができるようになる。
② 相手に配慮しながら、自分の意見を言えるようになる。

지민: 앗! 벌써 12시(열두)가 넘었네요. 우리 같이 점심이라도 먹을까요?
아야: 좋아요. 지민 씨는 무슨 음식을 좋아해요?
지민: 나는 중국 음식을 아주 좋아해요.
승기: 그럼 중식집으로 갑시다.
(식당에서)
아야: 자, 뭘 시킬까요?
지민: 나는 짬뽕을 시킬래요.
승기: 음... 그럼 나는 특선 짬뽕을 시킬게요.
지민: 어? 그런 것도 있어요? 그럼 나도 특선으로 할래요.
아야: 저기요. 그냥 짬뽕 하나하고 특선 짬뽕 2개(두) 주세요.

【発音】
열두시[열뚜시]　　　　중국 음식[중구 금식]
넘었네요[너먼네요]　　중식집[중식찝]
같이[가치]　　　　　　것도[걷또]
좋아요[조아요]　　　　시킬게요[시킬께요]
무슨 음식[무스 늠식]　하나하고[하나아고]
좋아해요[조아애요]

【単語】

벌써	もう	식당	食堂
넘었네요	過ぎましたね	자	さあ
우리	私たち・僕たち	뭘(<무엇을>)	何を
같이	一緒に	시키다	注文する
점심	昼食	짬뽕	チャンポン
~(이)라도	~でも	음	う~ん（悩む声）
무슨	どんな・何の	특선	特撰
음식	食べ物	어	あっ・えっ（気づきの声）
좋아하다	好きだ	그런	そんな
중국	中国	것	もの・こと
아주	とても	그냥	ただの・普通の
중식집	中華料理屋		

文法練習

11-1　Ⅱ-ㄹ까요?〈～ましょうか・～でしょうか：提案・相談〉

「Ⅱ-ㄹ까요?」は自分の意見を相手に提案し、それに対する相手の意見や意向を聞くときに使う表現です。第2類につきますが、「ㄹ」で終わる用言につける場合は、「ㄹ」を取らなければならないので注意しましょう。

	例	
母音で終わる語	가다 ➡	갈까요?
子音で終わる語	먹다 ➡	먹을까요?
ㄹで終わる語	놀다 ➡	놀까요? (×놀을까요?)

例) ① 창문 좀 **닫을까요**?　　　　　〈ちょっと窓を**閉めましょうか**?〉
　　② 에어컨을 **켤까요**?　　　　　〈エアコンを**入れましょうか**?〉
　　③ 이 영화 **재미있을까요**?　　　〈この映画、**おもしろいでしょうかねぇ**?〉
　　④ 도서관에서 같이 숙제**할까요**?〈図書館で一緒に**宿題やりませんか**?〉

【練習1】　次の文に「Ⅱ-ㄹ까요?」をつけてみよう。

① 내일 날씨가 좋다 〈明日の天気が良い〉　② 사람이 많다　〈人が多い〉
③ 커피 끓이다　　　〈コーヒーを入れる〉　④ 창문 좀 열다 〈窓を開ける〉

11-2　Ⅱ-ㅂ시다 <～ましょう：勧誘>

　「Ⅱ-ㅂ시다」は、相手と一緒に何かをしようと相手を誘うときに使う表現です。第２類につきますが、「ㄹ」で終わる用言につける場合は、「ㄹ」を取らなければならないので注意しましょう。

	例	
母音で終わる語	가다 ➡	갑시다
子音で終わる語	먹다 ➡	먹읍시다
ㄹで終わる語	놀다 ➡	놉시다（×놀읍시다）

　「Ⅱ-ㅂ시다」の日本語訳は、11-1の「Ⅱ-ㄹ까요」と似た感じになりますが、「Ⅱ-ㅂ시다」のほうがより強い提案である点と自分と相手が一緒にするのが前提となる点が、「Ⅱ-ㄹ까요?」と異なります。つまり、「Ⅱ-ㅂ시다」の場合は、「같이<一緒に>」がなくても一緒にやることが前提となっているわけです。

例)　① 집에 **갑시다**.　　　<(一緒に)家に**帰りましょう**>
　　② 저녁 같이 **먹읍시다**.　<夕食一緒に**食べましょう**>

【練習2】　例にならって「Ⅱ-ㄹ까요」を使って質問し、「Ⅱ-ㅂ시다」を使って答えてみよう。

例) 이만 갈까요? ― 네, 갑시다.<そろそろ帰りましょうか?―はい、帰りましょう>
① 택시를 타다　　　　　　　<タクシーに乗る>
② 그 자리에 앉다　　　　　　<その場所に座る>
③ 여기서 사진 좀 찍다　　　　<ここで写真を撮る>
④ 호떡을 만들다　　　　　　<ホットクを作る>
⑤ 노래방에서 노래 부르다　　<カラオケで歌を歌う>

（補足）「Ⅱ-ㅂ시다」は丁寧な表現なので、友だち同士で使うとちょっと不自然です。そのようなときは「Ⅰ-자」という別の形を使うか、第8課で学んだ「Ⅲ-요」を使った方がよいでしょう。また勧誘表現は普通目上の人には使いません。注意しましょう。
　　例) 집에 **가자**.<(一緒に)家に**帰ろ**>, 같이 집에 **가요**.<一緒に家に**帰りましょ**>

11-3　Ⅱ-ㄹ래요(?)　<～ます・～ますか？：意志>

「Ⅱ-ㄹ래요」は自分の強い意志を表すときに使う表現です。相手の意志を聞くときは、語尾を上げて「Ⅱ-ㄹ래요?」と言えばよいです。第2類につきますが、「ㄹ」で終わる用言につける場合は、やはり「ㄹ」を取らなければならないので注意しましょう。

	例	
母音で終わる語	가다 ➡	갈래요
子音で終わる語	먹다 ➡	먹을래요
ㄹで終わる語	놀다 ➡	놀래요（×놀을래요）

「Ⅱ-ㄹ래요」を日本語に翻訳すると「Ⅲ-요」と似た感じになってしまいますが、「Ⅱ-ㄹ래요」は「Ⅲ-요」よりも「それをやるぞ」という意志を強く感じる表現です。

例）누가 **할래요**? ― 그럼 내가 **할래요**.
　　<誰が**しますか**？ ― じゃあ僕が**やります**>

「누가 해요?<誰がしますか?>―내가 해요.<僕がします>」だと単に「やる・やらない」といった事実を確認しているだけといったニュアンスです。これに対して、「Ⅱ-ㄹ래요」は「誰もしないなら僕が率先してやります」だとか「僕はぜひやりたいんです」といったニュアンスが感じられるのです。

【練習3】　例にならって「Ⅱ-ㄹ래요?」を使って質問し、「Ⅱ-ㄹ래요」を使って答えてみよう。

例）맥주 한 병 더 시킬래요? ― 네, 시킬래요.
　　<ビールもう一本頼みますか？―はい、頼みます>
① 다음 주에 MT에 가다　　　　　　<来週、MTに行く>
② 내 말을 믿다　　　　　　　　　　<私の話を信じる>
③ 휴대폰을 스마트폰으로 바꾸다　　<携帯電話をスマートフォンに変える>
④ 입학식 때 양복을 입다　　　　　　<入学式の時にスーツを着る>

11-4　Ⅱ-ㄹ게요 <～ます：約束・配慮>

「Ⅱ-ㄹ게요」を日本語に翻訳すると「Ⅲ-요」や11-3の「Ⅱ-ㄹ래요」と似た感じになってしまいます。「Ⅱ-ㄹ게요」は相手と約束をする場面や、相手の気持ちや状況に配慮しながら、結果自分がする、といった場面で使う表現です。第2類につきますが、「ㄹ」で終わる用言につける場合は、やはり「ㄹ」を取らなければならないので注意しましょう。

	例	
母音で終わる語	가다 ⇒	갈게요
子音で終わる語	먹다 ⇒	먹을게요
ㄹで終わる語	놀다 ⇒	놀게요（×놀을게요）

例）① 정문 앞에서 **기다릴게요**. <正門の前で**待ってます**>（＝約束）
　　② 먼저 **갈게요**.　　　　　<お先に**帰ります**＝お先に失礼します>
　　　（＝まだ仕事をしている相手の気持ちを考慮しながら）

また、「Ⅱ-ㄹ게요」は、通常、主語が1人称（私）のときしか使えません。

例）누가 **갈래요**? —^{??} 아야 씨가 **갈게요**.
　　<誰が**行きますか**?—^{??}彩さんが**行きます**>

【練習4】　例にならって「Ⅱ-ㄹ래요?」を使って質問し、「Ⅱ-ㄹ게요」を使って答えてみよう。

例）누가 하다<誰がする>（나）⇒ 누가 할래요? — 내가 할게요.
　① 어디서 기다리다　　<どこで待つ>　　　（도서관）
　② 언제 담배를 끊다　　<いつ煙草をやめる>　（내일부터）
　③ 몇 시 버스를 타다　　<何時のバスに乗る>　（10시）
　④ 누가 지짐이를 만들다 <誰がチヂミを作る>　（나）

【第11課の文法表現のまとめ】

	Ⅱ-ㅂ시다	Ⅱ-ㄹ래요(?)	Ⅱ-ㄹ까요?	Ⅱ-ㄹ게요
相手への配慮				
相手と一緒に	◎	○	○	×
品詞	動詞のみ	動詞のみ	動詞と形容詞	動詞のみ

| 読解練習 |

1. 次の文を日本語に直してみよう。

　　① 내일은 몇 시에 어디서 만날까요?
　　② 열 시에 나가사키역에서 만납시다.
　　③ 이나사야마 전망대에서 저녁을 먹읍시다.
　　④ 오늘 우리 한 잔 할까요? 내가 한턱낼게요.
　　⑤ 주말에 시간이 있으면 어디 갈까요?
　　⑥ 나 먼저 갈게요.
　　⑦ 누가 방 청소를 할래요?
　　⑧ 내가 할까요?
　　⑨ 아뇨, 제가 할게요.

　　【単語】이나사야마 전망대<稲佐山展望台>(⇒p.133) 한턱내다<おごる>

2. 次の会話文を読んで、下の問いに答えてみよう。

　지　민: 이번 주말에 우리 같이 종강 파티 할까요?
　아　야: 좋아요. 승기 오빠랑 준이치는요?
　준이치: 나도 좋아요. 약속은 없어요.
　승　기: 저도요. 다 같이 합시다. 근데 어디서 할래요? 밖에서 하면 돈이 많이 들어요.
　아　야: 그럼 우리 집에서 할까요?
　지　민: 그래, 학교 기숙사에선 파티 못 해요. 그럼 누가 뭘 준비할래요?
　승　기: 내가 슈퍼에서 술과 음료수를 살게요.
　준이치: 난 안주나 과자를 준비할게요. 아, 참! 게임기도 가져올게요.
　지　민: 그럼 난 아야랑 같이 요리를 좀 만들까요? 떡볶이하고 지짐이를 만들게요.
　아　야: 좋아요. 난 방도 청소할게요.
　지　민: 승기 오빠, 접시랑 나무 젓가락도 같이 사세요.

　【問い】① パーティーはいつどこでやりますか?
　　　　 ② 承基さんが準備する物は何ですか?
　　　　 ③ 彩さんがすることは何ですか?

作文練習

1. （　）の文法表現を使って、次の文を韓国語に直してみよう。

    ① 一緒に映画を見ましょうか?　　　　　　　　　（-ㄹ까요）
    ② 私も行きます。　　　　　　　　　　　　　　　（-ㄹ래요）
    ③ 昼食に中華料理を食べましょうか?　　　　　　（-ㄹ까요）
    ④ 何を頼みますか?　　　　　　　　　　　　　　（-ㄹ래요）
    ⑤ 私はチャンポンを頼みます。　　　　　　　　　（-ㄹ게요）
    ⑥ 窓を開けましょうか?　　　　　　　　　　　　（-ㄹ까요）
    ⑦ ドア(문)を閉めましょうか?　　　　　　　　　（-ㄹ까요）
    ⑧ 私が閉めますよ。　　　　　　　　　　　　　　（-ㄹ게요）
    ⑨ 私たち、釜山でもきっと会いましょう。　　　　（-ㅂ시다）
    ⑩ 約束しますね。　　　　　　　　　　　　　　　（-ㄹ게요）

2. 「Ⅱ-ㄹ까요」か「Ⅱ-ㄹ래요」を使って、下線部に適切な語句を入れ、会話文を完成させてみよう。

    가: 뭐 ＿＿＿＿＿＿＿＿＿＿＿＿＿＿＿＿＿＿＿＿＿＿＿?
    나: 점심에 아까 컵라면을 먹었어요. (아까＜さっき＞)
    가: 그럼 차＿＿＿＿＿＿＿＿＿＿＿＿＿＿＿＿＿＿＿＿?
    나: 벌써 세 잔이나 마셨어요.
    가: 그럼, ＿＿＿＿＿＿＿＿＿＿＿＿＿＿＿＿＿＿＿＿＿?
    나: 그 영화 벌써 매진됐어요. (벌써＜もう＞ 매진되다＜売り切れる＞)
    가: 그럼 ＿＿＿＿＿＿＿＿＿＿＿＿＿＿＿＿＿＿＿＿＿?
    나: 저는 노래 잘 못 해요.
    가: 그럼 뭐 할까요?
    나: 글쎄요... ＜そうですねぇ…＞
    가: 그럼 ＿＿＿＿＿＿＿＿＿＿＿＿＿＿＿＿＿＿＿＿＿?
    나: 뭐라고요? ＜何ですって?＞

会話練習

1. 友だちと待ち合わせの約束をしてみよう。[ペ]

가: 오늘 약속이 있어요?
　〈今日、用事がありますか?〉
나: 아뇨, 없어요. 왜요?
　〈いいえ、ありません。なぜですか?〉
가: 그럼 나하고 같이 저녁 먹을래요?
　〈じゃあ僕と一緒に夕食食べませんか?〉
나: 좋아요. 어디서 만날까요?
　〈いいですよ。どこで待ち合わせますか?〉
가: 정문 앞에서 오후 5시에 만나요.
　〈正門の前で午後5時に会いましょう〉
나: 네, 그때 봐요.
　〈じゃあまたその時に〉

例)
언제 가요?　　　〈오늘〉
뭐 해요?　　　　〈저녁 먹다〉
어디서 만나요?　〈정문 앞〉
몇 시에 만나요?　〈오후 5시〉

①
언제 가요?　　　〈다음 주 일요일에〉
뭐 해요?　　　　〈자전거를 타다〉
어디서 만나요?　〈중앙 공원〉
몇 시에 만나요?　〈오전 9시〉

②
언제 가요?　　　〈내일〉
뭐 해요?　　　　〈영화를 보다〉
어디서 만나요?　〈덴진〉
몇 시에 만나요?　〈오후 1시〉

③
언제 가요?　　　〈토요일에〉
뭐 해요?　　　　〈쇼핑하다〉
어디서 만나요?　〈나가사키역〉
몇 시에 만나요?　〈오전 10시 반〉

2. 食堂に行って食事をします。まずどの店に行くかを決めてみよう。［グ］

   例） 가: 우리 같이 밥 먹을까요?
   　　 나: 네, 먹읍시다.
   　　 다: 어디서 먹을까요?
   　　 가: 여러분식당에 갑시다.
   　　 나: 아뇨, 양룡에 갈래요.
   　　 다: 음… 그럼 오늘은 여러분식당에 갈까요?

[여러분식당]	
된장찌개	4,000
김치찌개	4,000
순두부찌개	4,500
육개장	5,000
김밥	1,500
비빔밥	5,500
김치볶음밥	5,000
제육볶음	6,000

[할매집]	
라면	2,000
만두	2,000
튀김	1,500
떡볶이	1,000
오뎅	1,000
김밥	1,500
어묵	1,000
순대	3,000

[한일분식]	
우동	2,500
초밥	10,000
칼국수	4,000
떡국	3,500
만두국	3,500
수제비	5,000
회덮밥	8,000

[양룡]	
짜장면	3,500
짬뽕	3,500
탕수육	12,000

[탕천국]			
설렁탕	8,000	추어탕	11,000
곰탕	8,000	냉면	5,500
해장국	6,000	비빔냉면	5,500
갈비탕	8,000	갈치조림	20,000

3. 2で決めた店に入りました。次にその店のメニューを見て、注文する料理を決めてみよう。［グ］

   例） 가: 자, 뭘 먹을까요?
   　　 나: 비빔밥을 먹을게요
   　　 다: 나는 된장찌개를 먹을게요.
   　　 가: 그럼 나는 육개장을 먹을까요?
   　　 나: 우리 김밥도 시킬래요? 같이 안 먹을래요?
   　　 다: 네, 시키세요.

4. 3에서 注文するものが決まりました。「점원<店員>」을 불러 注文해 봅시다. ［グ］

   例) 가: 여기요~.
       점원: 네~. 잠시만요~. (…) 뭘 드실래요?
       나: 저기, 비빔밥하고 된장찌개하고 육개장 다 하나씩 주세요.
           그리고 김밥도 하나 주세요.
       점원: 비빔밥 하나, 된장찌개 하나, 육개장 하나, 김밥 하나요?
       나: 네, 그렇게 주세요.
       가: 아, 김치 많이 주세요.
           …
       점원: 비빔밥이 먼저 나왔어요. 맛있게 드세요.
       가: 네, 잘 먹을게요.

   【반찬<おかず>은 無料!!】
   김치<キムチ>
   단무지<たくわん>
   깍두기<カクトゥギ>

   【日本語訳】
   例) 가: すみませ～ん。
       店員: は～い、少々お待ちくださ～い。(…) 何になさいますか?
       나: ええっと、ビビンバと味噌チゲとユッケジャン全部一つずつください。
           それと海苔巻きも一つください。
       店員: ビビンバ一つ、味噌チゲ一つ、ユッケジャン一つ、海苔巻き一つですね。
       나: はい、そうです。
       가: あ、キムチいっぱいください。
       …
       店員: ビビンバからできました。どうぞお召し上がりください。
       가: はい、いただきます。

5. 2~4の練習成果をグループごとにみんなの前で発表してみよう。［ス］

안경다리<眼鏡橋>

흥복사<興福寺>

|　　|聴解練習|　　|

1. 次の(　)に聞こえたことばを書き込んでみよう。　　　　　　　　　　CD21

　　① 내일 시간이 있으면 같이 (　　　　　　)?
　　② 좋아요. 어디서 (　　　　　　)?
　　③ 학교 정문 앞에서 (　　　　　　).

2. 会話文を聞き、その後に続く問いに「○」か「×」で答えてみよう。CD22

①	②	③

3. 会話文を聞いて、最初に話しかけた人がする場合は「A」、話しかけられた人がする場合は「B」、二人が一緒にする場合は「C」と書いてみよう。　CD23

例	①	②	③	④	⑤
A					

〈稲佐山展望台からの風景〉

〈鯖くさらかし石〉

제12과 겨울은 춥지만 눈이 안 와요.

> 目標
> ① 天気や気候について述べることができる。
> ② 二つのものを比較することができる。
> ③ 不規則用言の活用を覚える。

승기: 요즘 왜 이렇게 비가 많이 와요? 이게 혹시 장마예요?
아야: 맞아요. 일본은 대체로 지금이 장마철이에요. 한국에도 장마가 있지요?
승기: 네, 한국 장마는 일본하고 비슷하지만 일본보다 기간이 조금 짧아요. 여름은 어때요?
아야: 너무 덥고 습기도 많아요. 가을에는 태풍도 자주 와요.
승기: 겨울은 어때요? 눈이 와요?
아야: 겨울은 춥지만 눈은 거의 안 와요.
승기: 그래요? 그럼 한국보다 따뜻하겠어요.

【発音】
이렇게[이러케]   짧아요[짤바요]
많이[마니]   많아요[마나요]
일본하고[일보나고]   안 와요[아 놔요]
비슷하지만[비스타지만]   따뜻하겠어요[따뜨타게써요]

【単語】

요즘	最近	짧다	短い
왜	なぜ	여름	夏
이렇게	こんなに	어때요?	どうですか?
비	雨	너무	とても
많이	たくさん	덥다	暑い
혹시	もしかして	습기	湿気
장마	梅雨	많다	多い
맞아요	そうです	가을	秋
일본	日本	태풍	台風
대체로	だいたい	자주	よく
지금	今	겨울	冬
장마철	梅雨の季節	눈	雪
있지요?	あるでしょう?(確認)	춥다	寒い
비슷하다	似ている	거의	ほとんど
기간	期間	그래요?	そうですか?
조금	少し	따뜻하다	暖かい

135

文法練習

12-1 不規則用言 1

　これまでの課で出てきた不規則用言は「ㄹ用言」と「하다用言」の2種類でした。第 12 課と第 13 課では残りの不規則用言を学んでいきます。まず、「ㄹ用言」と「하다用言」をおさらいしておくと次の通りです。

	第 2 類	第 3 類
ㄹ用言	「ㄹ」が落ちる 例) 알다 ⇒ 아세요(× 알으세요)	
하다用言		「해(または하여)」になる 例) 공부하다 ⇒ 공부해요 (×공부하아요, ×공부하요)

　「ㄹ用言」は「ㄹ」が脱落するので「脱落系」、「하다用言」は母音が「하」が「해」に変わるので「変化系」と考えることができます。まず、不規則用言のうち、第 12 課では「ㄹ用言」以外の脱落系について学びます。

1.「으用言」

　「다」をとった最後が「으」で終わる用言です。第 1 類、第 2 類は不規則ではありませんが、第 3 類が不規則になります。作り方は一見複雑に見えますが、実は単純で、ポイントは「으」が脱落するということです。

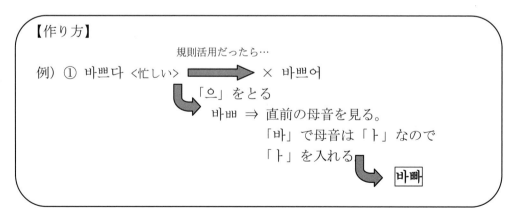

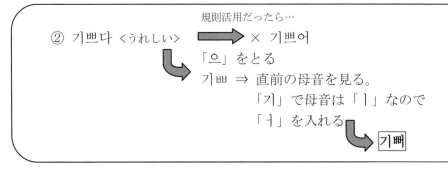

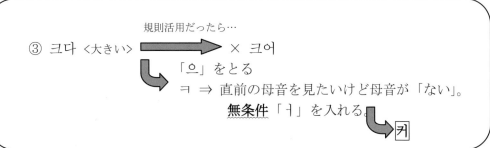

【練習1】 次の用言を「第3類」の形にしてみよう。

① 아프다 〈痛い〉　　　　　　② 예쁘다　〈きれいだ〉
③ 뜨다　〈浮かぶ〉　　　　　④ 배고프다 〈空腹だ〉
⑤ 끄다　〈(火やスイッチを)消す〉 ⑥ 모으다　〈集める〉

2.「르用言」

「다」をとった最後が「르」で終わる用言です。第1類、第2類は不規則ではありませんが、第3類が不規則になります。作り方は途中まで「으用言」と同じですので、「으用言」が理解できればそれほど難しくありません。

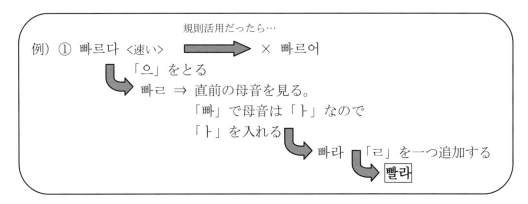

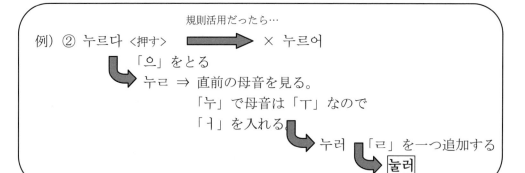

【練習 2】　次の用言を「第 3 類」の形にしてみよう。

① 배부르다 <満腹だ>　② 고르다 <選ぶ>　③ 마르다 <乾く>
④ 서투르다 <未熟だ>　⑤ 기르다 <育てる>　⑥ 다르다 <異なる>

12-2　Ⅰ-고 <～て：順接>

同じような意味を表す二つ以上の文をつなげて一つの文にするときに使う表現です。日本語の「て」に相当します。「고」をつけるときの活用のしかたはこれまでとは異なります。「고」をつけるときのやり方はとても簡単です。

【作り方】

手順	
	① 最後の「다」をとる　（←たったこれだけ。**超簡単！**）
	보**다** ⇒ 보　먹**다** ⇒ 먹
	② その後ろに「고」をつける。
	보 ⇒ 보**고**　먹 ⇒ 먹**고**

例）① 내 남자 친구는 **멋있고** 착해요.
　　　<私の彼氏は**かっこよくて**優しいです>
　　② 지난 주말에는 **빨래하고** 방을 청소했어요.
　　　<先週末は**洗濯して**部屋を掃除しました>

12-2 で学んだ接続形「고」をつけるときの用言の活用（上の例において「고」をとった形）が「第 1 類」です（活用については p.170 の【附録 1】を参照してください）。

12-3　Ⅰ-지만 〈～けど・～が：逆接〉

12-2の「Ⅰ-고」とは反対に、反対の意味を表す二つの文をつなげて一つの文にするときに使う表現です。日本語の「～だけど、～だが」に相当します。

例)　① **춥지만** 눈이 안 와요. 〈**寒いけど**雪は降りません〉
　　② 나가사키 짬뽕은 **맛있지만** 비싸요.
　　　〈長崎チャンポンは**おいしいけど**高いです〉

【練習 3】　次のⓐとⓑを「Ⅰ-고」か「Ⅰ-지만」を使ってつないでみよう（文末は丁寧形「요」にしてください）。

① (전철은)　　　　ⓐ 시간이 걸리다　ⓑ 요금이 싸다
② (승기 씨는)　　　ⓐ 착하다　　　　ⓑ 멋있다
③ (우리 학교 식당은)　ⓐ 가격이 싸다　ⓑ 양이 많다
④ (육개장은)　　　ⓐ 맵다　　　　　ⓑ 맛있다
⑤ (내일 날씨는)　　ⓐ 덥다　　　　　ⓑ 비도 오다

12-4　Ⅰ-겠다 〈～つもりだ・～だろう・～そうだ・～と思う：非断定〉

「Ⅰ-겠다」はものごとを断定しないときに使う表現です。日本語に翻訳する際は、主語が一人称（私）のときは「～するつもりだ」と、主語が一人称以外のときは「～だろう、～そうだ」といったふうにすればよいでしょう。後ろに丁寧形の「Ⅲ-요」をつけると「Ⅰ-겠어요」となります。

例)　① 내가 **가겠어요**.　　〈僕が**行くつもりです**〉　← 断定していない
　　　c.f. 내가 **가요**.　　〈僕が**行きます**〉　← 断定している
　　② 내일은 **맑겠어요**.　〈明日は**晴れるでしょう**〉　← 断定していない
　　　c.f. 내일은 **맑아요**. 〈明日は**晴れます**〉　← 断定している

【練習 4】　下線部をそれぞれ丁寧形「Ⅲ-요」と非断定形「Ⅰ-겠어요」にし、その意味の違いを考えてみよう。

	Ⅲ-요	Ⅰ-겠어요
① 수업에 **늦다** <授業に遅れる>		
② 10시 차를 **못 타다** <10時の電車に乗れない>		
③ 저 바위는 **떨어지다** <あの岩は落ちる> (⇒p.133)		
④ 이 옷은 좀 **크다** <この服はちょっと大きい>		
⑤ 잘 **모르다** <よく分からない>		

12-5　보다 <より：比較>

「AよりB」といったふうに、二つのものを比較するときに使う表現です。前に来る名詞が母音で終わるか子音で終わるかを区別する必要はありません。

例）① 커피**보다** 홍차를 더 좋아해요.　<コーヒーより紅茶の方が好きです>
　　② 꽃**보다** 남자　　　　　　　　　<花より男子>

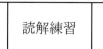
読解練習

1.　次の文を日本語に直してみよう。

① 나가사키 짬뽕은 채소도 많고 맛도 좋아요.
② 기숙사 생활은 재미있고 편해요.　　　　　(생활<生活>)
③ 신발을 벗고 여기 앉으세요.　　　　　　　(신발<履物>)
④ 세월이 변했지만 그녀는 거의 안 변했어요.　(세월<歳月>, 변하다<変わる>)
⑤ 학교식당은 메뉴는 적지만 싸고 맛있어요.
⑥ 차이나타운까지 어떻게 가면 돼요? — 죄송하지만 잘 모르겠어요.
⑦ 최고 기온은 어제보다 높겠어요.
⑧ 오전에는 흐리고 오후에는 비까지 내리겠어요.

2. 次の文章を読んで、下の問いに答えてみよう。

【일기예보＜天気予報＞】

내일 북부 지방은 맑고 남부 지방은 조금 흐리겠어요. 기온은 전국적으로 오늘보다 조금 높겠어요. 서울은 맑고 최고 기온은 영상 5 도, 최저 기온은 영하 5 도예요. 대전도 맑고 아침에는 안개가 끼겠어요. 최고 기온은 영상 8 도, 최저 기온은 0 도가 예상되겠어요. 대구는 오전은 맑고 오후부터 점차 흐리겠어요. 최고 기온은 영상 8 도, 최저 기온은 영하 1 도예요. 부산은 오전부터 흐리고 밤에는 조금 비가 내리겠어요. 최고 기온은 10 도, 최저기온은 영상 3 도예요. 제주도는 오전에 흐리고 오후부터는 비가 내리겠어요. 최고 기온은 11 도, 최저 기온은 5 도가 되겠어요. 모레부터는 다시 기온이 내리겠고 북부 지방을 중심으로 눈이 오겠어요.

【問い】 本文の内容に合っていれば「〇」、合っていなければ「×」を入れてみよう。

① 明日は全国的に今日より寒い。　　　　　　　　　　　　　　　　[　　]
② ソウルは最低気温が氷点下5度まで下がるが晴れる。　　　　　　[　　]
③ 大田は午前中は晴れるが、午後から曇る。　　　　　　　　　　　[　　]
④ 大邱は朝から一日中晴れるが、朝は霧がかかるところがある。　　[　　]
⑤ 釜山は朝から曇って、夜に雨が降りはじめる。　　　　　　　　　[　　]
⑥ 済州島は最高気温が11度まで上がるが、天気はあまりよくない。[　　]
⑦ 明後日ソウルは雪が降るかもしれない。　　　　　　　　　　　　[　　]

【날씨와 계절＜天気と季節＞】
봄＜春＞ 여름＜夏＞ 가을＜秋＞ 겨울＜冬＞ 장마＜梅雨＞
맑다/개다＜晴れる＞ 흐리다＜曇る＞
비가(눈이) 오다/내리다＜雨(雪)が降る＞ 비가(눈이) 그치다＜雨(雪)がやむ＞
태풍＜台風＞ 소나기＜にわか雨＞ 천둥이(번개가) 치다＜雷が鳴る＞
바람이 불다＜風が吹く＞ 안개가 끼다＜霧がかかる＞
따뜻하다＜暖かい＞ 시원하다＜涼しい＞ 쌀쌀하다＜肌寒い＞ 덥다＜暑い＞ 춥다＜寒い＞
최고(최저)기온＜最高(最低)気温＞ 영상＜零上＞ 영하＜零下=氷点下＞

作文練習

1. 次の文を韓国語に直してみよう。

   ① 市場は値段が安くて、種類も多いです。
   ② 韓国語は難しいけど、おもしろいです。
   ③ 料理はよくしますが、上手じゃありません。
   ④ 札幌は釜山より遠いです。
   ⑤ これよりそれのほうがいいです。
   ⑥ どこか調子悪いんですか？ ― 頭が痛くて熱もあります。
   ⑦ 明日の最低気温は氷点下2度、最高気温は10度まで上がるでしょう。
   ⑧ 今日の長崎は午前から曇って、午後は少し雨も降るでしょう。

2. 下線部に適切な語句を入れて、文を完成させてみよう。

   ① 이 집 음식은 맛있지만 _____.
   ② 서울 겨울은 춥고 _____.
   ③ 우리 동네는 파르코는 없지만 _____.
   ④ 열심히 공부했지만 _____.
   ⑤ 백화점은 시장보다 _____.

3. 次の項目について、日本（今みなさんが住んでいる町）と韓国を比べてみよう。一つの項目につき、日本と韓国それぞれを主語にして2通りずつ書いてみよう。

   例) 일본 인구는 한국**보다 더** 많아요. <日本の人口は韓国より多いです>
   　　한국 인구는 일본**보다 더** 적어요. <韓国の人口は日本より少ないです>

	比較する項目	使用する用言
例	인구 <人口>	많다/적다
①	면적 <面積>	넓다/좁다
②	교통비 <交通費>	비싸다/싸다
③	인터넷 속도 <インターネット速度>	빠르다/느리다
④	드라마 <ドラマ>	재미있다/재미없다

|会話練習|

1. AとBを「Ⅰ-지만」でつないで、会話をしてみましょう。[ペ]

		A	B
例	한국어<韓国語>	발음이 어렵다	재미있다
①	학교식당 음식<学食>	싸다	맛없다
②	기숙사 방<寮の部屋>	방값이 싸다	좁다
③	신칸센	빠르다	요금이 비싸다
④	기모노	예쁘다	불편하다

보기	가: 한국어 수업은 어때요?
	나: 발음이 어렵지만 재미있어요.
①	가: 학교식당 음식은 어때요?
	나: ....
②	가: 기숙사는 어때요?
	나: ....
③	가: 신칸센은 어때요?
	나: ....
④	가: 기모노는 어때요?
	나: ....

2. みなさんのクラスメートがどんな人か、「Ⅰ-고」か「Ⅰ-지만」を使って紹介してみよう。[グ]

例		가: 아야 씨는 어떤 사람이에요? <彩さんはどんな人ですか?> 나: 예쁘고 친절해요. <かわいくて親切です>[+, +] or 성격은 밝지만 좀 건방져요. <性格は明るいですが、ちょっと生意気です>[+, -]

【人の性質】

「＋」: 잘생기다＜ハンサムだ＞ 영리하다＜賢い＞ 예쁘다＜かわいい＞
　　　 착실하다＜真面目だ＞ 착하다＜優しい＞ 순하다＜純真だ＞
　　　 성격이 밝다＜性格が明るい＞ 활발하다＜活発だ＞ 친절하다＜親切だ＞
　　　 다정하다＜思いやりがある＞ 키가 크다＜背が高い＞
「－」: 어리다＜幼い＞ 욕심이 많다＜欲張りだ＞ 간사하다＜ずる賢い＞
　　　 성급하다＜せっかちだ＞ 건방지다＜生意気だ＞ 게으르다＜怠け者だ＞
　　　 인내심이 없다＜こらえ性がない＞ 성격이 안 좋다＜性格が悪い＞
　　　 새침하다＜澄ましている＞

3.　下の天気予報を見て、いつどの町がどんな天気か、話してみよう。次に、気象予報士になったつもりで、みんなの前で発表してみよう。［ペ・ス］

例) 오늘 광주 날씨는 맑겠어요. 최저 기온은 영하 1도이고 최고 기온은 영상 10도까지 올라가겠어요. 맑지만 바람이 많이 불겠어요.
　　＜今日の光州の天気は晴れるでしょう。最低気温は零下1度で、最高気温は摂氏10度まで上がるでしょう。晴れますが、風が強く吹くでしょう＞

	서울	대전＜大田＞	광주＜光州＞	대구＜大邱＞	부산＜釜山＞	제주도＜済州島＞
오늘	-5/5	-4/6	-1/10	1/8	2/9	4/12
내일	-6/3	-5/3	0/9	-2/4	-1/8	2/10

| 聴解練習 |

1. ⓐかⓑのうち、正しい方を選んでみよう。　　　　　　　　　　　　　CD24

　① {ⓐ 버스　　ⓑ 전철}가/이 더 빨라요.
　② {ⓐ 짬뽕　　ⓑ 사라우동}을 더 좋아해요.
　③ {ⓐ 이번 주　ⓑ 지난주}가 더 바빠요.
　④ {ⓐ 다나카 씨 ⓑ 스즈키 씨}가 더 키가 커요.
　⑤ {ⓐ 원룸　　ⓑ 기숙사}가/이 더 편해요.

2. 天気予報を聞いて、下の表を完成させてみよう。　　　　　　　　　CD25

	오전	오후
서울		/
	최저 기온 (　)도 / 최고 기온 (　)도	
부산	오전	오후
		/
	최저 기온 (　)도 / 최고 기온 (　)도	

3. 韓国の「시장<市場>」と「백화점<デパート>」の評価について「＞・＜・≒」
　のいずれかに「○」をつけてみよう。　　　　　　　　　　　　　　CD26

값 <値段>	시장 { ＜　≒　＞ } 백화점
종류 <種類>	시장 { ＜　≒　＞ } 백화점
품질 <品質>	시장 { ＜　≒　＞ } 백화점
배송 서비스 <発送サービス>	시장 { ＜　≒　＞ } 백화점
할인 서비스 <割引サービス>	시장 { ＜　≒　＞ } 백화점

제13과 방학이 되면 뭐 할 거예요?

① 未来(将来)の予定や希望について言えるようになる。
② 不規則動詞の活用を覚える。

지민: 다음 달부터 방학이네요. 방학이 되면 뭐 할 거예요?
아야: 8월 달부터 한국에 유학 갈 거예요.
지민: 정말요? 한국 어디로 가요?
아야: 부산요.
지민: 진짜? 부산에 가면 뭐 할 거예요?
아야: 물론 한국어 공부는 열심히 할 거예요. 어학당에 다니고 싶어요. 그리고 돼지국밥도 먹고 서면에서 쇼핑도 하고... 아, 참! 한국 친구를 사귀고 싶어요.
지민: 나는 방학 때 여동생이 놀러 와요. 그래서 같이 구마모토에 여행 갈 거예요.

【発音】
다음 달[다음딸]   정말요[정말료]
할 거예요[할 꺼에요]   열심히[열씨미]
8월 달[파뤌딸]   같이[가치]
갈 거예요[갈 꺼에요]

【単語】

다음 달	来月	다니다	通う
방학	休み・休暇	돼지국밥	豚肉のクッパ(⇒p. 152)
되다	なる	서면	西面（釜山の繁華街）
달	月	쇼핑	ショッピング・買い物
유학	留学	참	そうだ
정말	本当	사귀다	付き合う
진짜	本当（若者言葉）	때	時
물론	もちろん	여동생	妹
공부	勉強	놀다	遊ぶ
열심히	一生懸命	여행	旅行
어학당	語学堂		

文法練習

13-1 不規則用言 2

第12課では脱落系の不規則用言を学びました。ここでは変化系の不規則用言を学びます。

1. 「ㄷ用言」

「다」をとった最後が「ㄷ」で終わる用言です。第1類は不規則ではありませんが、第2類と第3類が不規則になります。作り方は簡単で、ポイントは「ㄷ」が「ㄹ」に変わるということです。

【練習1】　次の用言を「第2類」と「第3類」の形にしてみよう。

用言		第2類	第3類
① 걷다	<歩く>		
② 싣다	<載せる>		
③ 묻다	<尋ねる>		
④ 알아듣다	<聞き取る>		
⑤ 깨닫다	<悟る>		

2. 「ㅂ用言」

「다」をとった最後が「ㅂ」で終わる用言です。第1類は不規則ではありませんが、第2類と第3類が不規則になります。作り方は一見複雑ですが、実は単純で「ㅂ」を「우」に変えるだけです。

【作り方】　　　　　　　　　　　　　　［第2類］　　［第3類]
　例）춥다 <寒い>　　規則活用だと‥ ➡ ×춥으　×춥어
　　　実際は「ㅂ」が「우」に変わる　　↓　　　　↓
　　　　　　　　　　　　　　　　　　추우　　추워(←추우어)

【練習2】　次の用言を「第2類」と「第3類」の形にしてみよう。

用言	第2類	第3類
① 가깝다 <近い>		
② 그립다 <恋しい>		
③ 눕다 <横たわる>		
④ 더럽다 <汚い>		
⑤ 싱겁다 <薄味だ>		
⑥ 돕다 <手伝う>		

13-2　Ⅱ-ㄹ 것이다 <～つもりだ・～だろう・～と思う：非断定>

　「Ⅱ-ㄹ 것이다」は、第12課で学んだ「Ⅰ-겠다」と意味が似ています。ものごとを断定しないときに使う表現です。丁寧形の「Ⅲ-요」をつけると、「Ⅱ-ㄹ 거예요」となります。「～と思う」と理解すればよいですが、主語が一人称（私）のときは、「～するつもりだ」のように、主語が一人称でないときは「～だろう」のように翻訳するのが適当です。

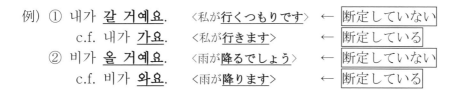

　例) ① 내가 **갈 거예요**.　　<私が**行くつもりです**>　← 断定していない
　　　c.f. 내가 **가요**.　　　　<私が**行きます**>　　　← 断定している
　　② 비가 **올 거예요**.　　<雨が**降るでしょう**>　← 断定していない
　　　c.f. 비가 **와요**.　　　　<雨が**降ります**>　　　← 断定している

【練習3】　(　　)の用言を「Ⅱ-ㄹ 거예요」の形に変えてみよう。

① 아르바이트는 이제 (그만두다).　　　＜アルバイトはもうやめる＞
② 내년에는 꼭 유학 (가다).　　　　　＜来年は絶対に留学に行く＞
③ 어학당은 방학에도 수업이 (있다).　＜語学堂は休み中にも授業がある＞
④ 일요일에는 사람이 (많다).　　　　＜日曜日は人が多い＞
⑤ 날씨는 오후부터 (맑다).　　　　　＜天気は午後から晴れる＞
⑥ 그냥 먹으면 아마 (싱겁다).　　　　＜そのまま食べたら多分味が薄い＞

　このように「Ⅱ-ㄹ 것이다」と「Ⅰ-겠다」は日本語に翻訳したらほとんど同じになってしまいますが、この二つは微妙に違います。

「Ⅰ-겠다」と「Ⅱ-ㄹ 것이다」の違い

- 「Ⅰ-겠다」：そのように思う**根拠が目の前にある**とき
- 「Ⅱ-ㄹ 것이다」：そのように思う**根拠が目の前にない**（記憶を頼りに判断する）とき

例) ① 오늘은 비가 **올 거예요**. ＜今日は雨が**降ると思います／降るでしょう**＞
　　　状況：前日の夜に天気予報を見たか、今朝新聞で見たりして今日雨が降る可能性が高いことを知っている。しかし、雨が降ると断定できない（したくない）。

② 비가 **오겠어요**. ＜雨が**降ると思います／降りそうです**＞
　　　状況：窓の向こうに真っ黒な雨雲が見えていて、しかも、その雨雲はこちらに近づいている。だから、あと少ししたら雨が降る可能性が高いと思うが、断定はできない（したくない）。

③ ［ご飯を目の前にして］
　　우와, **맛있겠어요**. ＜うわー、**おいしそうですね**＞
　　（×맛있을 거예요.）

④ ［韓国に留学に行った友だちの話］
　　아마 잘 **지낼 거예요**. ＜多分元気で**やってるでしょう**＞
　　（×지내겠어요）

13-3　Ⅰ-고 싶다 <～したい：希望・願望>

「Ⅰ-싶다」は「～したい」という希望や願望を表す表現です。丁寧形の「Ⅲ-요」をつけると「Ⅰ-고 싶어요」となります。

例) ① 대학을 졸업하면 여행사에서 **일하고 싶어요**.
　　　<大学を卒業したら旅行会社で**働きたいです**>
　　② 2학년이 되면 한국에 **유학 가고 싶어요**.
　　　<2年生になったら韓国に**留学したいです**>

【練習4】　次の文を「Ⅰ-고 싶어요」の形に変えてみよう。

　問い　한국에 가면 뭘 하고 싶어요?　　<韓国に行ったら何をしたいですか?>
　　① 북한산을 올라가다.　　　　<北漢山に登る>
　　② 태권도를 배우다.　　　　　<テコンドーを学ぶ>
　　③ 한복을 입다.　　　　　　　<韓服を着る>
　　④ 사물놀이를 보다.　　　　　<サムルノリを見る>
　　⑤ 삼계탕을 먹다.　　　　　　<参鶏湯を食べる>

13-4　Ⅱ-러 <～しに：目的>

「Ⅱ-러」は「～しに」に相当する表現です。なので、後ろに「가다<行く>」や「오다<来る>」といった動詞が来ることが多いです。第2類につきますが、「ㄹ」で終わる用言につける場合は、不規則になるので注意しましょう。

	例	
母音で終わる語	보다 ➡	보러
子音で終わる語	먹다 ➡	먹으러
ㄹで終わる語	놀다 ➡	놀러（×놀으러, ×노러）

例) ① 내일 공항에 친구를 **마중하러** 가요.
　　　<明日、空港に友だちを**迎えに行きます**>
　　② 같이 밥 **먹으러** 갑시다.
　　　<一緒にご飯**食べに行きましょう**>
　　③ 지난 주말에 고등학교 친구가 **놀러** 왔어요.
　　　<先週末に高校の友だちが**遊びに来ました**>

【練習5】　例にならって「Ⅱ-러 가다/오다」の形に変えてみよう。

例)　편의점 〈コンビニ〉 / 음료수를 사다 〈飲み物を買う〉
　　⇒ 편의점에 음료수를 **사러 가요** / **사러 왔어요**.
　　　〈コンビニに飲み物を買いに行きます/来ました〉

① 공항 〈空港〉 / 친구를 배웅하다 〈友だちを見送る〉
② 전주 〈全州〉 / 비빔밥을 먹다 〈ビビンバを食べる〉
③ 홋카이도 〈北海道〉 / 스키를 타다 〈スキーをする〉
④ 순천 〈順天〉 / 영화 촬영지를 구경하다 〈映画撮影地を見学する〉
⑤ 선생님 방 〈先生の部屋〉 / 리포트를 내다 〈レポートを出す〉

찜닭〈鶏肉チム〉(安東)

부산오뎅〈釜山おでん〉(釜山)

전주비빔밥〈全州ビビンバ〉(全州)

돼지국밥〈豚肉クッパ〉(釜山)

| 読解練習 |

1. 次の文を日本語に直してみよう。

   ① 나는 내년 8월부터 한국에 유학 갈 거예요.
   ② 태권도를 배우고 싶어요. 전주나 대구에도 한번 가고 싶어요.
   ③ 계속 기숙사에 살 거예요? — 네, 기숙사 방이 마음에 들었어요.
   ④ 저는 기숙사보다 하숙집에 살고 싶어요.
   ⑤ 내일 지민이와 같이 지짐이를 만들 거예요.
   ⑥ 졸업하면 뭐 할 거예요? — 한국에서 취업할 거예요.
   ⑦ 여행사에서 일하고 싶어요.
   ⑧ 일요일에 같이 축구를 보러 갈까요?
   ⑨ 지난 주말에 후쿠오카에 놀러 갔어요.

2. 次の文章を読んで、下の問いに答えてみよう。

   저는 여름 방학이 되면 부산에 어학연수를 갈 거예요. 한국어는 한 1년간 배웠지만 아직 잘 못해요. 그래서 이번 어학연수를 신청했어요. 연수는 3주 동안 있어요. 매일 한국어 공부를 열심히 할 거예요. 또 저는 한국의 역사나 문화에도 관심이 많아요. 수업은 매일 오전에 있고 오후나 주말에는 수업이 없어요. 그래서 주말에는 박물관이나 국제시장을 구경할 거예요. 그리고 학교에서 한국 친구를 사귀고 싶어요. 그리고 여러 곳에 놀러 갈 거예요. 노래방에서 한국 노래를 부르고 돼지국밥이나 오뎅을 먹고 싶어요.

   【問い】 ① 「私」が語学研修に申請した動機は何ですか?
           ② 「私」は釜山で何をするつもりですか?

   【単語】 전주<全州(地名)> 대구<大邱(地名)> 계속<ずっと>
   마음에 들다<気に入る> 하숙집<下宿> 졸업하다<卒業する>
   취업하다<就職する> 여행사<旅行会社> 일하다<働く>
   또<また> 여러 곳<いろんな場所> 노래방<カラオケ>

作文練習

1. 下線部に適切な語句を入れて、文を完成させてみよう（ただし、（　）内の表現を必ず使うこと）。

　① 우산을 가져 가세요. 아마 _____.
　　　　　　　　　　　　　　　　　　　　　　　　　　　　（Ⅱ-ㄹ 것이다）
　② 만약에 100 만엔을 받으면 _____.
　　　　　　　　　　　　　　　　　　　　　　　　　　　　（Ⅰ-고 싶다）
　③ 대학을 졸업하면 _____.
　　　　　　　　　　　　　　　　　　　　　　　　　　　　（Ⅰ-고 싶다）
　④ 방학이 되면 _____.
　　　　　　　　　　　　　　　　　　　　　　　　　　　　（Ⅱ-ㄹ 것이다）
　⑤ 저는 초등학생 때 _____가/이 되고 싶었어요.

2. 次の文を韓国語に直してみよう。

　① 今日はそのまま家に帰るつもりです。
　② 釜山に行ったら、何をするつもりですか？
　③ 豚肉のクッパ(돼지국밥)を食べたいです。
　④ 韓国の漫画(만화책)を読みたいです。
　⑤ 大学を卒業したら日本語教師(일본어 교사)になりたいです。
　⑥ 駅から学校まで歩いたらどのくらいかかりますか？
　⑦ たぶん1時間くらいかかるでしょう。
　⑧ 韓国料理の中でソルロンタン(설렁탕)はあまり辛くないです。
　⑨ 私も一緒に映画を見に行きたかったです。
　⑩ うちの家に一度遊びに来てください。

3. あなたは来年韓国に留学しようと思っています。学校に申請書を提出しなければなりません。韓国のどの地域に留学したいか、その地域に留学して何をしたいのか、「유학지원서〈留学志望書〉」を作成してみよう。

会話練習

1. ⓐ～ⓒの箇所を入れ替えて話してみよう。［ペ］

	승기: ⓐ울고 싶어요.
例	지민: 무슨 일 있었어요?
	승기: ⓑ여자 친구와 헤어졌어요.
	지민: 괜찮아요?
	승기: ⓒ술을 마시고 싶어요.

	ⓐ	ⓑ	ⓒ
例	울다 <泣く>	여자 친구와 헤어지다 <彼女と別れる>	술을 마시다 <お酒を飲む>
①	찜질방에 가다 <チムジルバンに行く>	좀 피곤하다 <ちょっと疲れる>	빨리 가다 <早く行く>
②	이사하다 <引っ越す>	룸메이트와 싸우다 <ルームメートとけんかする>	방에 안 가다 <部屋に戻らない>
③	외치다 <叫ぶ>	스트레스가 많이 쌓이다 <ストレスがたまる>	노래방에서 노래를 부르다 <カラオケで歌う>

2. 例にならって話してみよう。［ペ］

	가: 지민 씨, 지금 어디 가요?
例	<知民さん、どこに行っているんですか?>
	나: 친구 선물을 사러 백화점에 가요.
	<友だちのプレゼントを買いにデパートに行くんです>

	名前	行くところ	すること	
例	지민	백화점 <デパート>	친구 선물을 사다 <友だちのプレゼントを買う>	
①	소연	도서관 <図書館>	책을 빌리다 <本を借りる>	공부를 하다 <勉強をする>
②	승기	스미요시 <住吉>	저녁을 먹다 <夕食を食べる>	쇼핑을 하다 <買い物をする>
③	아야	사사키 선생님 방 <佐々木先生の部屋>	커피를 마시다 <コーヒーを飲む>	숙제를 내다 <宿題を出す>
④	나나	은행 <銀行>	통장을 만들다 <通帳を作る>	돈을 찾다 <お金を下ろす>
⑤	상규	우체국 <郵便局>	소포를 부치다 <小包を送る>	편지를 보내다 <手紙を送る>

3. 友だちが悩んでいます。友だちの悩みに対して、あなたは何をしてあげますか？ [グ]

①지민 일본어 공부가 어려워요. <日本語の勉強が難しい>	②민우 일본 요리를 배우고 싶어요. <日本料理を学びたい>	③재홍 규슈 여행을 하고 싶어요. <九州を旅行したい>

①지민	②민우	③재홍
숙제를 도와줄게요. <宿題を手伝ってあげる>		

4. 下の地図を見ながら、どこに行きたいか、何を見たいか、話しあってみよう。
　　　　　　　　　　　　　　　　　　　　　　　　　　　　　　　　　　[グ]

　例1) 가: 이번 방학에 한국에 갈 거예요. 어디에 가면 좋아요?
　　　 나: 고인돌을 보러 강화도에 꼭 가세요.

　例2) 가: 한국에 가면 고인돌을 꼭 보고 싶어요. 어디에 가면 돼요?
　　　 나: 고인돌이면 강화도에 가세요.

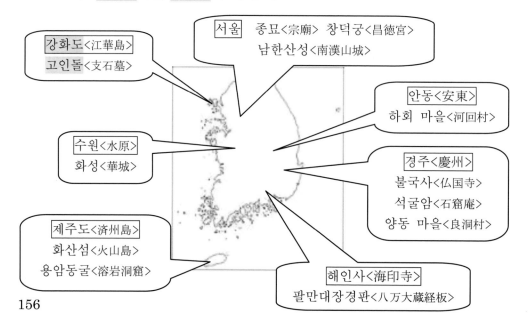

| 聴解練習 |

1. 会話文を聞いて、その答えに合うものを@〜©の中から選んでみよう。
CD27

① ⓐ 晴れ　　　ⓑ くもり　　　ⓒ 雨
② ⓐ 医者　　　ⓑ 先生　　　　ⓒ 旅行ガイド
③ ⓐ パッピンス　ⓑ ポンデキ　　ⓒ トッポッキ

2. 会話文を聞いて、その後に続く問いに答えてみよう。
CD28

①	
②	
③	

제 14 과 제일 키가 큰 사람이 아빠예요.

> 目標　写真を見ながら家族の紹介ができるようになる。

(준이치 방에서)

승　　기: 어? 여기 있는 거, 누구 앨범이에요?
준이치: 그거 내 거예요. 보고 싶으면 보세요.
승　　기: 이거 어디서 찍은 사진이에요?
준이치: 고향 집이에요.
승　　기: 그럼 뒤에 보이는 산이 혹시 아소산이에요?
준이치: 맞아요. 나는 아소산 밑에서 살았어요.
승　　기: 이 두 번째 사진은 가족 사진이에요?
준이치: 그래요. 내가 초등학교에 입학할 때 사진관에서 찍은 거예요. 검정색 가방을 멘 애가 나예요. 그리고 제일 키가 큰 사람이 아빠이고 안경을 낀 사람이 엄마예요.

【発音】
있는[인는]　　　　　　밑에서[미테서]
내 거[내 꺼]　　　　　입학할[이파칼]

【単語】

앨범	アルバム	입학하다	入学する
찍다	撮る	때	時
사진	写真	사진관	写真館
뒤	後ろ	검정색	黒
보이다	見える	가방	かばん
산	山	메다	背負う
혹시	ひょっとして	애	子供
아소산	阿蘇山	제일	いちばん
밑	ふもと・下	키가 크다	背が高い
살다	住む・暮らす	아빠	お父さん
두 번째	２番目	안경	眼鏡
가족	家族	끼다	(眼鏡を)かける
초등학교	小学校	엄마	お母さん

文法練習

14-1　Ⅱ-ㄴ〈形容詞の現在連体形〉

次のⒶとⓐ、Ⓑとⓑを見比べたとき、日本語は下線部の形が変わりません。

例)　Ⓐ 雨が**降る**。　　ⓐ 雨が**降る**日。　　(現在)
　　Ⓑ 雨が**降った**。　ⓑ 雨が**降った**日。　(過去)

ⓐ、ⓑのように後ろに名詞がつながる形を「連体形」と呼びます。日本語は「形容動詞（な形容詞）」を除いて、終止形と連体形の形は変わりませんが、韓国語は終止形と連体形が全く違う形になるので注意が必要です。さらに、面倒なことに韓国語は動詞と形容詞で連体形のつくり方も違います。まずは形容詞の現在連体形から学んでいきましょう。形容詞の現在連体形の形は「Ⅱ-ㄴ」です。

例)　ⓐ 이 옷은 **작아요**.　　ⓑ **작은** 옷. (×작아요 옷, ×작다 옷)
　　　〈この服は**小さいです**〉　　〈**小さい**服〉

【練習1】　(　　)の用言を日本語訳に合うように「連体形」にしてみよう。

① (비싸다) 선물　〈高いプレゼント〉　② (같다) 반　〈同じクラス〉
③ (좋다) 생각　〈いい考え〉　　　　　④ (멀다) 옛날　〈遠い昔〉
⑤ (맵다) 음식　〈辛い食べ物〉　　　　⑥ (쉽다) 문제　〈易しい問題〉

14-2　Ⅰ-는〈動詞の現在連体形〉

形容詞の現在連体形は「Ⅱ-ㄴ」でしたが、動詞の現在連体形は「Ⅰ-는」です。

例)　매일 **타는** 버스　〈毎日**乗っている**バス〉

【練習2】　（　）の用言を日本語訳に合うように「連体形」にしてみよう。

① 표 (사다) 곳　　　　　　　〈切符を買う場所＝切符売り場〉
② 자주 (듣다) 노래　　　　　〈よく聞く歌〉
③ 매일 (이용하다) 편의점　　〈毎日利用するコンビニ〉
④ (좋아하다) 가수　　　　　〈好きな歌手〉
⑤ 서울에 (살다) 친구　　　　〈ソウルに住む友だち〉
⑥ (재미있다) 책　　　　　　〈面白い本〉

14-3　Ⅱ-ㄴ 〈動詞の過去連体形〉

　動詞の現在連体形は「Ⅰ-는」でしたが、動詞を形容詞の現在連体形である「Ⅱ-ㄴ」にすると、過去形になります。

　　例）어제 탄 버스〈昨日乗ったバス〉（×어제 타는 버스）

【練習3】　（　）の用言を日本語訳に合うように「連体形」にしてみよう。

① 지난주에 같이 (보다) 영화　〈先週一緒に見た映画〉
② 서울에서 (찍다) 사진　　　〈ソウルで撮った写真〉
③ 이미 (끝나다) 일　　　　　〈もう終わったこと〉
④ 한글을 (만들다) 사람　　　〈ハングルを作った人〉
⑤ 전에 (듣다) 음악　　　　　〈以前聞いた音楽〉
⑥ 어제 (줍다) 지갑　　　　　〈昨日拾った財布〉

(参考) Ⅲ-ㅆ던 〈形容詞の過去連体形〉

　動詞の過去連体形が出てきたので、形容詞の過去連体形も紹介しておきましょう。形容詞の過去連体形は「Ⅲ-ㅆ던」です。ただ、日本語もそうですが、形容詞の過去連体形を使う機会はあまり多くなかろうと思います。

　　例）아름다웠던 바다 〈美しかった海〉　　c.f. 아름다운 바다〈美しい海〉

14-4　Ⅱ-ㄹ〈未来（未実現）連体形〉

　日本語の連体形では現在形と未来形が同じ形です。しかし、韓国語では現在形と未来形は違う形になります。韓国語の未来連体形は「Ⅱ-ㄹ」です。日本語ではこの区別をしませんので、「Ⅱ-ㄹ」を使うべきところで「Ⅰ-는」を使ってしまう人が（必ずや）います。注意してください。なお、未来連体形は動詞と形容詞で同じ形ですが、形容詞の未来連体形を使う機会はあまり高くなかろうと思います（日本語も同様です）。

　　例）내일 **탈** 버스〈明日**乗る**バス〉　（×내일 타는 버스）

　後ろに**特定の名詞**が来たときは、それが現在の状況であっても、未来形を使わなければならないことがあります。ここではそのような名詞として、使用頻度の高い「때〈時〉」を挙げておきます。

　　例）어리다〈幼い〉 + 때〈時〉　　　⇒ **어릴** 때　（×어린 때）
　　　　밥을 먹다〈ご飯を食べる〉 + 때〈時〉　⇒ 밥을 **먹을** 때（×먹는 때）

【練習4】（　　）の用言を日本語訳に合うように「連体形」にしてみよう。

　① 내일 (만나다) 때　　〈明日**会う**時〉
　② 시간이 (있다) 때　　〈時間が**ある**時〉
　③ 음악을 (듣다) 때　　〈音楽を**聞く**時〉
　④ 요리를 (만들다) 때　〈料理を**作る**時〉

(参考) 過去形のときも「ㄹ」形にしますが、その際は過去形の「Ⅲ-ㅆ-」を間にいれて「Ⅲ-ㅆ을」とします。

　　例）어리다〈幼い〉 + 때〈時〉　　　⇒ **어렸을** 때　（×어렸던 때）
　　　　밥을 먹다〈ご飯を食べる〉 + 때〈時〉 ⇒ 밥을 **먹었을** 때（×먹은 때）

【連体形のまとめ】

	時制	動詞	있다 / 없다	形容詞 / 이다
実現	現在（る）	Ⅰ-는		Ⅱ-ㄴ
	過去（た）	Ⅱ-ㄴ	Ⅲ-ㅆ던	
未実現	未来（る）	Ⅱ-ㄹ		
	過去（ただろう）	Ⅲ-ㅆ을		

【練習5】 品詞に注意しながら、(　　)の用言を日本語訳に合うように連体形にしてみよう。

① (예쁘다) 가방을 사고 싶어요.　　＜**かわいい**カバンを買いたいです＞
② 자주 (부르다) 노래가 있어요?　　＜よく**歌う**歌がありますか?＞
③ 저는 한국에서 (오다) 유학생입니다.　＜私は韓国から**来た**留学生です＞
④ (젊다) 사람이 거의 없어요.　　＜**若い**人がほとんどいません＞
⑤ 내가 잘 (알다) 사람이에요.　　＜私がよく**知っている**人です＞
⑥ 내일 (만나다) 약속이 있어요.　　＜明日**会う**約束があります＞
⑦ 가방을 (들다) 남자가 재홍 씨예요.　＜カバンを**持った**男性が宰弘さんです＞
⑧ 같이 (보고 싶다) 영화가 있어요.　　＜一緒に**見たい**映画があります＞
⑨ 방학이 되면 뭐 (하다) 예정이에요?　＜休みになったら何**する**予定ですか?＞
⑩ 그건 정말 (재미없다) 영화였어요.　＜あれは本当に**つまらない**映画でした＞

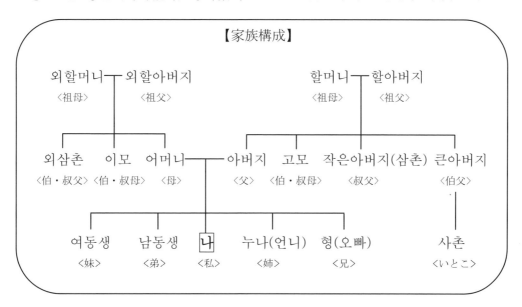

|読解練習|

1. 次の文を日本語に直してみよう。

    ① 내가 자주 듣는 노래는 동방신기예요.
    ② 같이 사는 룸메이트는 없어요?
    ③ 이나사야마에서 보는 야경은 정말 아름다워요. (야경〈夜景〉 아름답다〈美しい〉)
    ④ 우리 학교는 큰 건물이 하나밖에 없어요.
    ⑤ 즐거운 시간 되세요.   (즐겁다〈楽しい〉)
    ⑥ 태준이는 머리가 긴 여자를 좋아해요.
    ⑦ 아주 짧은 시간이었지만 좋은 경험이었어요. (짧다〈短い〉 경험〈経験〉)
    ⑧ 학교에 올 때 어떻게 와요?
    ⑨ 처음에 부산항에 내렸을 때는 김치 냄새가 났어요. (부산항〈釜山港〉 냄새〈匂い〉)

2. 次の文章を読んで、下の問いに答えてみよう。

    이것은 지난 방학에 우리 가족들과 같이 구마모토에 놀러 갔을 때 찍은 사진이에요. 이 사진은 구마모토 성 옆에 있는 신사에서 찍었어요. 가운데 있는 사람이 나이고 오른쪽에 여행 가방을 든 남자가 아버지예요. 키가 제일 큰 남자가 지금 후쿠오카에 사는 형이고 이 형 옆에 치마를 입은 사람이 어머니예요. 뒤에 안경을 낀 남자는 우리 가족이 아니라 그냥 모르는 사람이에요. 그리고 야구 모자를 쓴 남자애가 이때 같이 간 우리 사촌동생이에요.

    【問い】 本文の内容に合う絵を次の中から選んでください。

作文練習

1. 品詞に注意して、( )に入る適切な語句を選んで文章を完成させてみよう。

> 다음 일요일이 아야 씨 생일이에요. 저는 아야 씨한테 생일 선물로
> (ⓐ) (ⓑ)를/을 주고 싶었어요. 그래서 저는 어제 학교 근처에
> 있는 마트에 선물을 사러 갔어요. 거기에서 우리 반에서 제일 (ⓒ)
> 친구를 우연히 만났어요. 그때 이 친구가 "아야 씨 선물이면 (ⓓ)
> (ⓔ)가/이 좋을 거예요"라고 추천했어요. 그래서 저는 (ⓕ)
> 를/을 샀어요.

ⓐ・ⓓ		ⓑ・ⓔ・ⓕ		ⓒ	
맛있다	<おいしい>	초콜릿	<チョコレート>	키가 크다	<背が高い>
멋있다	<格好いい>	과일	<果物>	잘생기다	<イケメンだ>
예쁘다	<きれいだ>	가방	<かばん>	예쁘다	<きれいだ>
귀엽다	<かわいい>	인형	<人形>	귀엽다	<かわいい>
크다	<大きい>	향수	<香水>	성격이 밝다	<性格が明るい>
작다	<小さい>	목도리	<マフラー>	성격이 안 좋다	<性格がよくない>
요즘 유행하다	<最近流行りだ>	옷	<服>	인색하다	<ケチだ>
잘 어울리다	<よく似合う>	지우개	<消しゴム>	성급하다	<せっかちだ>
향기가 좋다	<香りがよい>	지갑	<財布>	다정하다	<思いやりがある>
따뜻하다	<暖かい>	사전	<辞典>	착실하다	<まじめだ>
싸다	<安い>	음악 시디	<音楽CD>	영리하다	<賢い>
비싸다	<(値段が)高い>	볼펜	<ボールペン>	어리다	<幼い>

2. 次の文を韓国語に直してみよう。

① 彩さんは本当にかわいくて性格もいい人です。
② 長崎はチャンポンやカステラで有名な町です。
③ 明日時間がある人は一緒に遊びに行きましょう。
④ あのとき聞いた歌をもう1回(다시 한번)聞きたいです。
⑤ 韓国ではご飯を食べる時にスプーンを使います。
⑥ ハングルを読むのは最初は難しかったけど、今は漢字を読むより簡単です。
⑦ お金がない時は学食でよくうどんを食べました。
⑧ 昨日会った女性は彩のお母さんです。

会話練習

1. ○○に相手の名前を入れて、選択肢の中から適当な単語を一つ選び、質問してみよう（その際、（　）内の単語は「連体形」に変えてください）。[ペ]

   例）한국에서 가장 유명한 가수가 누구예요? ― 조용필이에요.
   <韓国で一番有名な歌手は誰ですか? ― 趙容弼です>

①	②	③	④
한국에서 가장 (유명하다)	○○씨가 가장 (좋아하다)	일본에서 제일 (유명하다)	일본에서 지금 제일 (인기있다)

【選択肢】
가수<歌手> 배우<俳優> 여배우<女優> 작가<作家>
연예인<芸能人> 개그맨<お笑い芸人>
영화<映画> 드라마<ドラマ> 음식<食べ物>

2. みなさんのクラスメートがどんな人か、「連体形」を使って紹介してみよう。
[グ]

例		가: 아야 씨는 어떤 사람이에요? <彩さんはどんな人ですか?> 나: 예쁘고 친절한 사람이에요. <かわいくて親切な人です>

【人の性質】
「＋」：예쁘다<きれいだ> 친절하다<親切だ> 영리하다<賢い>
　　　착실하다<真面目だ> 착하다<優しい> 순하다<純真だ> 활발하다<活発だ>
　　　키가 크다<背が高い> 잘생기다<ハンサムだ> 다정하다<思いやりがある>
　　　성격이 밝다<性格が明るい> 재미있다<面白い> 날씬하다<スレンダーだ>
　　　귀엽다<かわいい> 운동을 잘하다<運動が得意だ>
「－」：어리다<幼い> 욕심이 많다<欲張りだ> 간사하다<ずる賢い>
　　　성급하다<せっかちだ> 건방지다<生意気だ> 게으르다<怠け者だ>
　　　인내심이 없다<こらえ性がない> 성격이 안 좋다<性格が悪い>

3. 下の写真を見ながら、家族の紹介をしてみよう。[ペ] (⇒p. 163)

   例) 아기를 안은 분이 우리 어머니예요. <子供を抱いた人が私の母です>

4. みんなで「빙고게임<ビンゴゲーム>」をしてみよう。

   > ルール
   > ① 今一緒に授業を受けているクラスメートのうち、以下の項目に該当すると思う人の名前を(　)の中に書いてください。
   > ② 一人ずつ、例のように質問をしてください。
   >   例) 어제 드라마를 본 사람은 손 드세요.
   >   <昨日ドラマを見た人は手を挙げてください>
   > ③ その質問に該当する人は手を挙げ、手を挙げた人の名前を書いていたら、チェックをします。
   > ④ 縦・横・ななめのいずれか「1列」が最初にそろった人の勝ちです。

어제 드라마를 보다	수영을 잘하다	한국 친구가 있다	작년에 한국에 놀러 가다
(이름:　)	(이름:　)	(이름:　)	(이름:　)
오늘 수업 후에 알바가 있다	매일 학교에 올 때 버스를 타다	지난 주말에 친구하고 놀다	K-POP을 좋아하다
(이름:　)	(이름:　)	(이름:　)	(이름:　)
오이를 싫어하다	어제 한국 음악을 듣다	매일 신문을 읽다	한글을 만든 사람을 알다
(이름:　)	(이름:　)	(이름:　)	(이름:　)
다정하다	보통 거의 아침을 안 먹다	집에서 학교까지 1시간 이상 걸리다	한국에 유학 가고 싶다
(이름:　)	(이름:　)	(이름:　)	(이름:　)

5. 教師の後について、韓国語で「しりとり」をしてみよう。

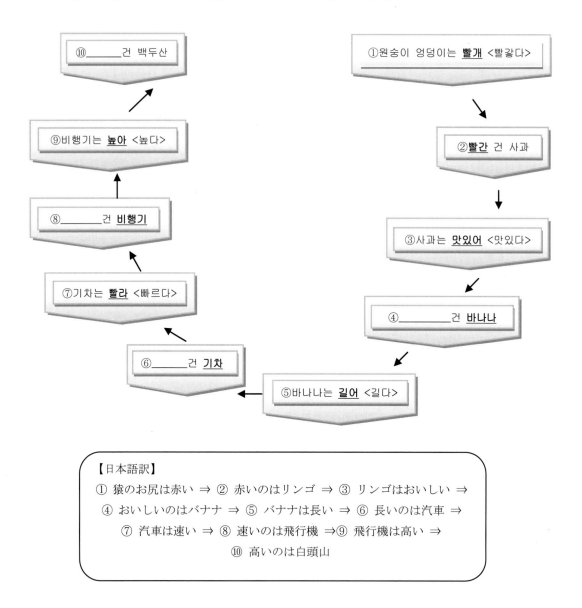

【日本語訳】
① 猿のお尻は赤い ⇒ ② 赤いのはリンゴ ⇒ ③ リンゴはおいしい ⇒
④ おいしいのはバナナ ⇒ ⑤ バナナは長い ⇒ ⑥ 長いのは汽車 ⇒
⑦ 汽車は速い ⇒ ⑧ 速いのは飛行機 ⇒ ⑨ 飛行機は高い ⇒
⑩ 高いのは白頭山

聴解練習

1. 会話文を聞いて、ⓐ~ⓒのうち、正しいものを一つ選んでみよう。　CD29

例	①	②	③	④	⑤
ⓑ					

2. 下の絵を見ながら、会話文の内容に合う人物を選んで□内に番号を入れてみよう。　CD30

①현식　②겐타　③아유미　④유키　⑤마사토

附録1

用言の活用

　動詞と形容詞（この二つを合わせて「用言」と呼びます）は、後ろに語尾をつけることでいろいろな意味に変わります。例えば、用言の後ろに「ない」をつけると「否定」の意味になります。

　ただし、この場合、例えば「書く」を例にとると、「書く」に「ない」をつけるときに、「書く」を「書か」に変えなければなりません。このように語尾をつけるときに用言の形が変わることを「**活用**」といいます。

【日本語の活用】

	未然形	連用形	終止形 連体形	仮定形	命令形	意向形
	ない形	ます形・た形	辞書形	条件形		
書く	書か(ない)	書き(ます) 書い(た)	書く	書け(ば)	書け	書こ(う)
kak-u	kak-<u>a</u>-(nai)	kak-<u>i</u>-(masu) ka -<u>i</u>-(ta)	kak-<u>u</u>	kak-<u>e</u>-(ba)	kak-<u>e</u>	kak-<u>o</u>-(o)

　学校文法で「書く」が「五段活用動詞」だと習ったのは、「書く」の活用変化に「a、i、u、e、o」の5種類あるからです。ちなみに「食べる」は「一段活用動詞」ですが、これは「食べる」の活用変化が「e」の1種類しかないからです。

　ここで重要なことは、<u>それぞれの**語尾**がどの活用形につくかは、あらかじめ決まっている</u>ということです。

　　　　未然形接続：〜ない［否定］、〜れる［受身・可能］、〜せる［使役］…
　　　　連用形接続：〜ます［丁寧］、〜た［過去］、〜て［順接］…
　　　　　　　　⋮　　　　　　　　　　　⋮

　韓国語の用言も日本語と同じように活用をします。ただ、韓国語の活用は日本語に比べると幾分簡単です。韓国語の活用は大きく3種類に分けることができます。3種類の活用を本書では「**第1類**」、「**第2類**」、「**第3類**」と呼び、それぞれ「**Ⅰ**」、「**Ⅱ**」、「**Ⅲ**」と表示します。<u>今後は用言につく新しい文法表現を学ぶたびに、それが第1類、第2類、第3類のどれにつくのかを覚えていくとよいでしょう。</u>

附録2

辞典の使い方

　ここでは韓国語の辞典（韓日辞典）の使い方（引き方）について学びます。辞典の使い方はひとえに単語の配列順を知ることです。でないと、お目当ての単語が一体どこに載っているのか、むやみやたらにパラパラめくっていても、なかなか見つかりはしないでしょう。

　私たちは日本語の国語辞典を引く時にどうしているのでしょうか？　日本語の国語辞典は「五十音順」、つまり「あいうえおかきくけこ……わをん」の順に単語が並んでいます。なので、まずお目当ての単語の1文字目を見て、その行の周辺を開きます。次に、1文字目が同じ「あ行」だったとして、例えば、「愛」と「青」であれば、次に2文字目を比べますね。「い」と「お」は「い」の方が前なので「青」より「愛」は前の方に載っているだろう、また、「愛」も「青」も共にあ行の前半部分に載っているだろう、と、こんなふうに大まかに載っている場所の見当をつけ、この作業を繰り返してお目当ての単語に行きつくわけです。

　韓国語の辞典もこの仕組みは全く同じです。なので、まずは文字の配列順を覚える必要があります。

① 子音の順序

```
ㄱ (ㄲ) ㄴ ㄷ (ㄸ) ㄹ ㅁ ㅂ (ㅃ) ㅅ (ㅆ) ㅇ ㅈ (ㅉ) ㅊ ㅋ ㅌ ㅍ ㅎ
```

【覚え方】
「か・な・た・ら・ま・ぱ・さ・あ・じゃ・ちゃ・か・た・ぱ・は」と唱える。
「濃音は平音のすぐあとに来る」と覚える。
「激音」は後ろの方に固まっていると覚える。

② 母音の順序

ㅏ ㅐ ㅑ ㅒ ㅓ ㅔ ㅕ ㅖ ㅗ ㅘ ㅙ ㅚ ㅛ ㅜ ㅝ ㅞ ㅟ ㅠ ㅡ ㅢ ㅣ

【覚え方】
「ㅏ・ㅓ・ㅗ・ㅜ・ㅡ・ㅣ」をまず覚える。
間に「や行」を入れて「ㅏ・ㅑ・ㅓ・ㅕ・ㅗ・ㅛ・ㅜ・ㅠ・ㅡ・ㅣ」と唱える。
「ㅏ」から「ㅑ」に行くまでの間に「ㅏ」と組み合わせられるものを「ㅏ・ㅓ・ㅗ・ㅜ・ㅡ・ㅣ」の順にチェックする。この場合は「ㅏ」と「ㅣ」の組み合わせである「ㅐ」があるので間にそれを入れる。以下、同様。

①と②を組み合わせると辞典全体の大まかな単語の配列が分かります。

가 개 갸 걔 거 게 … (中略) … 긔 기 나 내 냐 냬 너 네 …(中略)… 늬 니 …

つまり、ある子音から次の子音に行くまでの間に、②の全て母音がその順序に入っているわけです。

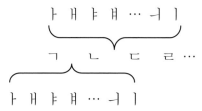

【練習 1】 例にならって、以下の①〜④について、それぞれ韓国語辞典に載っている順に、番号を入れてみよう（辞典を見てはいけません）。

例) 가 (1) 구 (5) 계 (4) 개 (2) 게 (3) 귀 (6)

① 소 (　) 새 (　) 개 (　) 쥐 (　) 토끼 (　) 돼지 (　)

② 가다 (　) 오다 (　) 서다 (　) 세다 (　) 개다 (　) 하다 (　)

③ 아버지 (　) 어머니 (　) 아빠 (　) 오빠 (　) 우리 (　) 아저씨 (　)

④ 펴다 (　) 뼈 (　) 벼 (　) 짜다 (　) 차다 (　) 자다 (　)

③ パッチムの順序

　パッチムはさらにその間に入ります。例えば、「날」は「나」から「내」に行くまでの間のどこかにあるわけです。パッチムの順序は①の子音と同じです。

【練習 2】　以下の①～④について、それぞれ韓国語辞典に載っている順に、番号を入れてみよう（辞典を見てはいけません）。

① 밤 (　) 밭 (　) 발 (　) 박 (　) 반 (　) 밥 (　)

② 날씨 (　) 넘다 (　) 남 (　) 널다 (　) 낫다 (　) 날짜 (　)

③ 크다 (　) 글씨 (　) 끈 (　) 큰아버지 (　) 그런데 (　) 글쎄 (　)

④ 담 (　) 달 (　) 뒤 (　) 되다 (　) 땀 (　) 땅 (　)

④ 二重パッチムの順序

二重パッチムはさらにその間に入ります。濃音のパッチムも二重パッチムと同様に扱われます。例えば、「닭」の場合、「달」から「담」に行くまでの間のどこかにあるわけです。

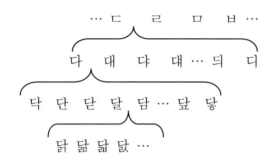

【練習 3】 以下の①～④について、それぞれ韓国語辞典に載っている順に、番号を入れてみよう（辞典を見てはいけません）。

① 앓다（　） 읽다（　） 잃다（　） 잇다（　） 알다（　） 있다（　）

② 삶（　） 싫다（　） 섞다（　） 삼다（　） 살다（　） 삶다（　）

③ 넉넉히（　） 늙다（　） 늦잠（　） 넓다（　） 넋（　） 능력（　）

④ 닮다（　） 행복（　） 늙다（　） 꽃（　） 젊다（　） 안경（　）

【練習 4】 次の単語の意味を、韓日辞典を使って調べてみよう。

① 코피　　［　　　　　］　② 해바라기 ［　　　　　］

③ 곰　　　［　　　　　］　④ 갈치　　　［　　　　　］

⑤ 사랑니　［　　　　　］　⑥ 속셈　　　［　　　　　］

⑦ 넋　　　［　　　　　］　⑧ 치맛바람　［　　　　　］

⑨ 싫증　　［　　　　　］　⑩ 보름달　　［　　　　　］

⑪ 암탉　　［　　　　　］　⑫ 개똥벌레　［　　　　　］

【練習 5】　次の単語の意味を韓日辞典で調べて(　　)に書き込み、次に【A 群】
　　　　　と【B 群】の間で反対の意味になるペアを見つけて、線で結ぼう。

【A 群】

가다	(	)
주다	(	)
일어나다	(	)
얼다	(	)
시작하다	(	)
켜다	(	)
열다	(	)
쓰다	(	)
타다	(	)
사다	(	)
빌리다	(	)
웃다	(	)
입다	(	)
서다	(	)
걷다	(	)
외우다	(	)
알다	(	)
살다	(	)

【B 群】

자다	(	)
녹다	(	)
지우다	(	)
닫다	(	)
받다	(	)
끄다	(	)
오다	(	)
끝나다	(	)
울다	(	)
돌려주다	(	)
뛰다	(	)
내리다	(	)
잊어버리다	(	)
벗다	(	)
팔다	(	)
앉다	(	)
죽다	(	)
모르다	(	)

【練習6】　次の単語の意味を韓日辞典で調べて(　　)に書き込み、次に【A群】と【B群】の間で反対の意味になるペアを見つけて、線で結ぼう。

【A群】

크다	(	)
좋다	(	)
싸다	(	)
빠르다	(	)
깨끗하다	(	)
가볍다	(	)
덥다	(	)
뜨겁다	(	)
따뜻하다	(	)
길다	(	)
높다	(	)
기쁘다	(	)
두껍다	(	)
강하다	(	)
멀다	(	)
넓다	(	)
많다	(	)
새롭다	(	)
밝다	(	)
바쁘다	(	)
딱딱하다	(	)
어렵다	(	)
재미있다	(	)

【B群】

비싸다	(	)
나쁘다	(	)
작다	(	)
늦다	(	)
무겁다	(	)
슬프다	(	)
짧다	(	)
시원하다	(	)
춥다	(	)
약하다	(	)
얇다	(	)
지저분하다	(	)
낮다	(	)
차다	(	)
가깝다	(	)
좁다	(	)
쉽다	(	)
한가하다	(	)
재미없다	(	)
적다	(	)
부드럽다	(	)
낡다	(	)
어둡다	(	)

【練習 7】　次の文字列の中から韓国語に存在する単語を探してみよう。縦、横、ななめのいずれでもかまいません。また、知らなかった単語はせっかくなのでその意味も覚えてみよう（辞典を使ってかまいません）。

대	합	계	수	강	대	우	수	요	일
학	행	동	서	남	북	체	육	리	교
교	복	아	류	자	한	국	교	무	시
원	숭	이	만	친	원	화	실	지	장
자	아	동	지	구	동	학	번	개	고
폭	력	전	다	소	방	차	산	우	정
탄	산	음	료	수	신	세	계	지	구
소	등	악	마	법	기	대	절	하	도

例）행복(幸せ)

附録3

韓国語（ハングル）をパソコンで入力する

1.1. 入力言語設定（**Windows 7** の場合）

まず、以下の 手順ⅠA か 手順ⅠB の作業を行って、手順Ⅱ の「テキストサービスと入力言語」の画面を出してください。

手順ⅠA：「コントロールパネル」→「地域と言語」→「キーボードと言語」→
「キーボードの変更」

手順ⅠB：① 画面右下にある「言語バー」（下図）の上にカーソルを持ってきて、**右クリック**します。そうすると②のようなものが出てきます。

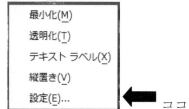

② 「設定(**E**)」（下図）を左クリックします。

手順Ⅱ：画面右中央にある「追加(**D**)」を左クリックします。

手順Ⅲ：「韓国語」を選択して「OK」を左クリック。

手順Ⅳ：「適用(A)」を左クリック。

手順Ⅴ：言語バーの「JP」を左クリックし、「KO 韓国語（韓国）」を左クリックします。手順Ⅴが終わると、韓国語の言語バーに変わります。（下図）

1.2. 入力言語設定（**Windows 8** の場合）

まず、以下の 手順ⅠA か 手順ⅠB の作業を行って、「言語の追加」の画面を出してください（下図）。

手順ⅠA：「コントロールパネル」→「言語の追加」

手順ⅠB：「設定」→「PC 設定の変更」→「時刻と言語」→「地域と言語」→「言語を追加する」

手順Ⅱ：「韓国語」を選択して左クリックします。

手順Ⅲ：言語バー（下図）の⓪を左クリックし、「韓国語」を左クリックします。

手順Ⅲが終わると、韓国語の言語バーに変わります（下図）。

　以上で韓国語（ハングル）を入力する準備は整いました。次は、実際に入力してみましょう。

2.　キーボードの配置

　韓国語（ハングル）の入力は、韓国語独特のキーボードの配置に従って行います。キーボードの配置は下図のようになっています。このキーボードの配置は覚えるしかありません。慣れないうちは机のどこかに貼るなどして、見ながら入力するとよいでしょう。

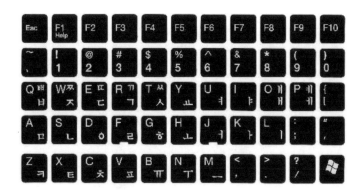

3. 入力手順

　ハングルの入力は以下の原則にしたがって行います。

原則1：「子音字 → 母音字 → パッチム」の順に入力する。

原則2：パッチムが二つある場合は「左パッチム → 右パッチム」の順に入力する。

　例)　「가」：「ㄱ → ㅏ」の順
　　　「갑」：「ㄱ → ㅏ → ㅂ」の順
　　　「값」：「ㄱ → ㅏ → ㅂ → ㅅ」の順

補足：① 濃音「ㅃ・ㄸ・ㄲ・ㅉ・ㅆ」は、シフトを押しながら「ㅂ・ㄷ・ㄱ・ㅈ・ㅅ」。
　　　② 半母音（や行）のうち、「ㅒ、ㅖ」は、シフトを押しながら「ㅐ、ㅔ」。
　　　③ 半母音（わ行）は、母音を分解して、その順に入力する。
　　　　例)　「ㅗ → ㅏ」 ＞ 「ㅘ」　　「ㅜ → ㅣ」 ＞ 「ㅟ」
　　　　　　「ㅗ → ㅐ」 ＞ 「ㅙ」
　　　④ フォントの基本は「Batang」（日本語の「MS明朝」に相当します）。
　　　⑤ 「漢字変換」は、Wiondows 7 の場合、変換したい文字を選択して、言語バーの「漢」（漢字のこと）をクリックします。Wiondows 8 の場合、変換したい文字を選択したまま言語バーを右クリックし、「Hanja Convert」をクリックします。例)「한국 → 韓國」（韓国では**旧字体**を使います）

附録4

ハングルのローマ字表記

　日本語をローマ字で表記することがあるように、韓国語のハングルもローマ字で表記することができます。日本から韓国に荷物や手紙を送るときなど、ローマ字表記ができると便利です。韓国語（ハングル）をローマ字表記するときの決まりは凡そ次のようになっています。ただ、以下に紹介するのは基本的なもので、そのほかにも細かい決まりがありますが、ここでは省略します。

①母音（あ行）

ㅏ	ㅓ	ㅗ	ㅜ	ㅡ	ㅣ	ㅐ	ㅔ
a	eo	o	u	eu	i	ae	e

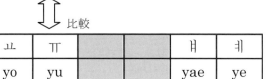比較

②母音（や行）

ㅑ	ㅕ	ㅛ	ㅠ			ㅒ	ㅖ
ya	yeo	yo	yu			yae	ye

③母音（わ行）

ㅘ	ㅟ	ㅢ	ㅙ	ㅞ	ㅚ	ㅝ
wa	wi	ui	wae	we	oe	wo

④子音（平音―激音―濃音）

ㄱ	ㄷ	ㅂ	ㅈ	ㅅ
g/k [1]	d/t [1]	b/p [1]	j	s
ㅋ	ㅌ	ㅍ	ㅊ	
k	t	p	ch	
ㄲ	ㄸ	ㅃ	ㅉ	ㅆ
kk	tt	pp	jj	ss

[1]「ㄱ・ㄷ・ㅂ」は母音の前で「g・d・b」で、子音の前や語末で「k・t・p」で書く（大雑把に言えば発音通りに書く）。

⑤子音（④に挙げたもの以外）

ㄴ	ㅁ	ㅇ	ㄹ	ㅎ
n	m	ng [2]	r/l [3]	h

[2]「ㅇ」を「ng」と書くのはパッチムの時。
[3]「ㄹ」は母音の前で「r」、子音の前や語末では「l」と書く（大雑把に言えば発音通りに書く）。

【練習1】　次のローマ字表記をハングルに直してみよう。

① Seoul　　　　[　　　　　] ② Gimpo　　　　　[　　　　　]

③ Incheon　　　[　　　　　] ④ Gwangju　　　　[　　　　　]

⑤ Daegu　　　　[　　　　　] ⑥ Gyeongsang-do　[　　　　　]

⑦ Donghae　　　[　　　　　] ⑧ Hae-undae　　　[　　　　　]

⑨ Euljiro　　　[　　　　　] ⑩ Waegwan　　　　[　　　　　]

⑪ DAEWOO　　　 [　　　　　] ⑫ SAMSUNG　　　　[　　　　　]

⑬ HYUNDAI　　　[　　　　　] ⑭ PARK SungMin　 [　　　　　]

【練習2】　次の固有名詞をローマ字で表記してみよう。

① 북한산＜北漢山＞[　　　　] ② 세종　＜世宗＞　[　　　　　]

③ 수원　＜水原＞　[　　　　] ④ 천안　＜天安＞　[　　　　　]

⑤ 울산　＜蔚山＞　[　　　　] ⑥ 판문점＜板門店＞[　　　　　]

⑦ 정읍　＜井邑＞　[　　　　] ⑧ 대전　＜大田＞　[　　　　　]

⑨ 여수　＜麗水＞　[　　　　] ⑩ 평택　＜平澤＞　[　　　　　]

附録5

韓国語の外来語

　もともとその国の言葉になく、ある時期に別の言語から入っていた言葉を「外来語」といいます。日本語の場合、いわゆる「カタカナ言葉」が外来語に当たります。韓国語にも外来語はあり、その大部分は日本語と同様、英語から入ってきたものです。この場合、もともとは英語なので、日本語と韓国語の間で、当然のことながら、発音が似ています。例えば、「ホテル」は「호텔」、「ページ」は「페이지」といった感じです。このような単語は辞典を引かなくても、意味が分かります。しかし、必ずしも韓国語の外来語の発音が全て日本語と似ているわけではありません。次の言葉の意味を考えてみましょう。

【練習】　次の言葉の意味を考えてみよう（辞典を使ってはいけません）。

① 티　　　[　　　　　　　]　　② 힐　　　[　　　　　　　]
③ 팬　　　[　　　　　　　]　　④ 백　　　[　　　　　　　]
⑤ 터미널　[　　　　　　　]　　⑥ 플래시　[　　　　　　　]
⑦ 도넛　　[　　　　　　　]　　⑧ 닷컴　　[　　　　　　　]

　上の例を見ると、これがもともと同じ英語なのかとすら思えてきますが、これにはルールがあります。このルールさえ知っていれば、日本語と韓国語の間である程度発音がずれていれも、その意味を理解することができるのです。できる限り、辞典を引かなくても分かる単語が増えるように、外来語のルールを学んでおきましょう。

1. 語頭の有声音（濁音）は無声音（清音）になる。
　　例）**가**스〈ガス：gas〉，**주**스〈ジュース：juice〉

【練習1】　次の言葉の意味を考えてみよう（辞典を使ってはいけません）。
　① 바나나　　[　　　　]　② 게스트　　[　　　　]
　③ 가이드　　[　　　　]　④ 빌딩　　　[　　　　]
　⑤ 드라이브　[　　　　]　⑥ 다운　　　[　　　　]
　⑦ 비자　　　[　　　　]　⑧ 그룹　　　[　　　　]

2. 日本語の長母音は、韓国語で短母音になる。
　　例）**카**〈カー：car〉，기**타**〈ギター：guitar〉

【練習2】　次の言葉の意味を考えてみよう（辞典を使ってはいけません）。
　① 룸　　　　[　　　　]　② 볼　　　　[　　　　]
　③ 팀　　　　[　　　　]　④ 신　　　　[　　　　]
　⑤ 풀　　　　[　　　　]　⑥ 마트　　　[　　　　]
　⑦ 타워　　　[　　　　]

3. 母音[æ]は、日本語では「あ」だが、韓国語は「애（え）」になる。
　　例）**택**시〈タクシー：taxi〉，**잼**〈ジャム：jam〉

【練習3】　次の言葉の意味を考えてみよう（辞典を使ってはいけません）。
　① 캔　　　　　[　　　　]　② 패스　　　[　　　　]
　③ 애니메이션　[　　　　]　④ 매스컴　　[　　　　]
　⑤ 맨홀　　　　[　　　　]　⑥ 댐　　　　[　　　　]
　⑦ 댄스　　　　[　　　　]　⑧ 브랜드　　[　　　　]
　⑨ 그랜드　　　[　　　　]　⑩ 그램　　　[　　　　]
　⑪ 개그맨　　　[　　　　]

4. 母音[ʌ], [ə]は、日本語では「あ」([ʌ]は「お」にもなる)だが、韓国語は「어(お)」になる。
　　例) 버스 〈バス: bus〉, 터미널 〈ターミナル: terminal〉

【練習4】　次の言葉の意味を考えてみよう(辞典を使ってはいけません)。
① 점프　　　[　　　　　]　② 홈런　　　[　　　　　]
③ 미스터　　[　　　　　]　④ 모니터　　[　　　　　]
⑤ 서비스　　[　　　　　]　⑥ 코너　　　[　　　　　]
⑦ 멤버　　　[　　　　　]　⑧ 보너스　　[　　　　　]
⑨ 리허설　　[　　　　　]　⑩ 햄버거　　[　　　　　]
⑪ 매뉴얼　　[　　　　　]　⑫ 앨범　　　[　　　　　]
⑬ 캠퍼스　　[　　　　　]　⑭ 매너　　　[　　　　　]

5. 母音[ɑ]は、日本語では「お」だが、韓国語は「아(あ)」になる。
　　例) 박스 〈ボックス: box〉

【練習5】　次の言葉の意味を考えてみよう(辞典を使ってはいけません)。
① 카피　　　[　　　　　]　② 스타킹　　[　　　　　]
③ 핫도그　　[　　　　　]　④ 라커룸　　[　　　　　]

6. 音節末(パッチム)の子音[p], [t], [k], [m], [n], [ŋ]は、日本語では後ろに母音や「ん」を入れるが、韓国語は「ㅂ[p]」「ㅅ[t]」「ㄱ[k]」「ㅁ[m]」「ㄴ[n]」「ㅇ[ŋ]」になる。
　　例) 그룹 〈グループ: group〉, 백 〈バッグ: bag〉, 인터넷 〈インターネット: internet〉

【練習6】　次の言葉の意味を考えてみよう(辞典を使ってはいけません)。
① 게임　　　[　　　　　]　② 사인　　　[　　　　　]
③ 쇼핑　　　[　　　　　]　④ 컵　　　　[　　　　　]
⑤ 냅킨　　　[　　　　　]　⑥ 팝콘　　　[　　　　　]
⑦ 넥타이　　[　　　　　]　⑧ 노트북　　[　　　　　]
⑨ 록　　　　[　　　　　]　⑩ 토익　　　[　　　　　]
⑪ 아웃　　　[　　　　　]　⑫ 로봇　　　[　　　　　]

【注意】パッチムの「ㅅ[t]」は、直後に母音で始まる音節が来ると、文字通りの[s]で発音する。
　　例) 라켓이 [rakʰeʃi] 〈ラケットが〉

7. 韓国語でも音節末（パッチム）の子音の後ろに母音を入れることがある。そのときの母音は「ㅡ（う）」である。
    例）러브〈ラブ: love〉, 아르바이트〈アルバイト: arbeit 独〉, 스테이크〈ステーキ: steak〉

【練習7】 次の言葉の意味を考えてみよう（辞典を使ってはいけません）。
① 체크   [   ]   ② 피스   [   ]
③ 세트   [   ]   ④ 하트   [   ]
⑤ 아파트 [   ]   ⑥ 워드   [   ]
⑦ 카드   [   ]   ⑧ 노크   [   ]
⑨ 케이크 [   ]   ⑩ 브레이크 [   ]

8. 子音[f]は、日本語では「ふぁ行[ɸ]」だが、韓国語は「ㅍ[pʰ]（ぱ行）」になる。
    例）커피〈コーヒー: coffee〉, 소파〈ソファー: sofa〉

【練習8】 次の言葉の意味を考えてみよう（辞典を使ってはいけません）。
① 골프   [   ]   ② 포크   [   ]
③ 나이프   [   ]   ④ 와이프   [   ]
⑤ 파일   [   ]   ⑥ 파울   [   ]
⑦ 유니폼   [   ]   ⑧ 오프라인 [   ]
⑨ 그래프   [   ]   ⑩ 카페   [   ]
⑪ 셀프   [   ]   ⑫ 부페   [   ]
⑬ 팩스   [   ]   ⑭ 스태프   [   ]

9. 子音[θ], [ð]は、日本語では「さ行[s]」、「ざ行[z]」だが、韓国語は「ㅌ[tʰ]（た行）」、「ㄷ[t/d]（た・だ行）」になる。
    例）매머드〈マンモス: mammoth〉, 고딕〈ゴシック: Gothic〉

【練習9】 次の言葉の意味を考えてみよう（辞典を使ってはいけません）。
① 마라톤   [   ]   ② 리듬   [   ]

10. 子音[ts]は、日本語では「つ[ts]」だが、韓国語は「ㅊ[tɕʰ]（ちゅ行）」になる。
    例）부츠〈ブーツ: boots〉, 스포츠〈スポーツ: sports〉

11. 子音[z], [dz]は、日本語では「ざ行[z]」だが、韓国語は「ㅈ[ʨ]（ちゃ行）」になる。
    例）제로 〈ゼロ: zero〉, 렌즈 〈レンズ: lens〉
    例外）사스 〈サーズ: SARS〉, 부스 〈ブース: booth〉

【練習10】 次の言葉の意味を考えてみよう（辞典を使ってはいけません）。
① 사이즈　　[　　　　　]　② 시즌　　[　　　　　]
③ 치즈　　　[　　　　　]　④ 시리즈　[　　　　　]
⑤ 퀴즈　　　[　　　　　]　⑥ 디자인　[　　　　　]

12. 語中（2音節目以降）の音節初頭の[l]は、日本語は「ら行[ɾ]」だが、韓国語は「ㄹㄹ[ll]」のように「ㄹ」を重ねて[l]を作り出す。必ず[l]が二つあるので注意！
    例）올림픽 〈オリンピック: Olympic〉, 블랙 〈ブラック: black〉,
    　　달라 〈ドル: dollar〉

【練習11】 次の言葉の意味を考えてみよう（辞典を使ってはいけません）。
① 콜라　　　[　　　　　]　② 알레르기　[　　　　　]
③ 멜론　　　[　　　　　]　④ 볼륨　　　[　　　　　]
⑤ 초콜릿　　[　　　　　]　⑥ 고릴라　　[　　　　　]
⑦ 필름　　　[　　　　　]　⑧ 샐러드　　[　　　　　]
⑨ 클럽　　　[　　　　　]　⑩ 머플러　　[　　　　　]
⑪ 칼럼　　　[　　　　　]

【注意】ただし、語頭の[l]は、日本語と同じ「ㄹ[ɾ]」になる。
    例）라인 〈ライン: line〉, 리스트 〈リスト: list〉, 레벨 〈レベル: level〉

13. その他、日本語とずれるもの（韓国語の方が英語の原音に近いことが多い）
① 배터리　〈バッテリー: battery〉　② 미터　〈メーター: meter〉
③ 에너지　〈エネルギー: energy〉　④ 채널　〈チャンネル: channel〉
⑤ 미디어　〈メディア: media〉　　⑥ 튤립　〈チューリップ: tulip〉
⑦ 커튼　　〈カーテン: curtain〉　⑧ 샌들　〈サンダル: sandal〉
⑨ 소시지　〈ソーセージ: sausage〉　⑩ 디지털　〈デジタル: digital〉
⑪ 비즈니스　〈ビジネス: business〉
⑫ 슈퍼마켓　〈スーパーマーケット: supermarket〉

附録6

不規則用言のまとめ

　ここでは第12課と第13課で扱わなかった不規則用言について学び、不規則用言のまとめをします。

1. 「ㅅ用言」（脱落系）

　「다」をとった最後が「ㅅ」で終わる用言です。第1類は不規則ではありませんが、第2類と第3類が不規則になります。「ㅅ」が脱落するのですが、ポイントはどの段階で「ㅅ」が脱落するか、です。

【作り方】

【練習1】　次の用言を「第2類」と「第3類」の形にしてみよう。

用言	第2類	第3類
① 낫다 〈治る・ましだ〉		
② 붓다 〈腫れる〉		
③ 젓다 〈かき混ぜる〉		
④ 긋다 〈(線を)引く〉		

2. 「ㅎ用言」（脱落変化系）

　「다」をとった最後が「ㅎ」で終わる用言です。第1類は不規則ではありませんが、第2類と第3類が不規則になります。

【作り方】

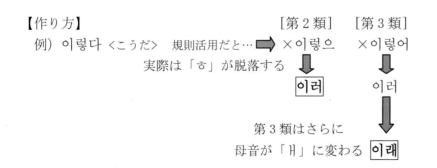

【練習2】　次の用言を「第2類」と「第3類」の形にしてみよう。

用言	第2類	第3類
① 그렇다　＜そうだ＞		
② 까맣다　＜黒い＞		
③ 동그랗다　＜丸い＞		
④ 파랗다　＜青い＞		
⑤ 하얗다　＜白い＞		

規則用言と不規則用言

하다用言、ㄹ用言、으用言、르用言は全てが不規則用言ですが、ㄷ用言、ㅂ用言、ㅅ用言、ㅎ用言は全てが不規則用言というわけではありません。中には規則用言のものもあり、見かけ上判断できません。以下に初・中級までに学ぶ用言を中心に単語の一例を挙げますので、この表を参考にしながら、規則用言なのか不規則用言なのかを覚えてください。

	規則用言	不規則用言
ㄷ用言	닫다＜閉める＞　**묻다**＜埋める＞　믿다＜信じる＞　받다＜もらう・受け取る＞　얻다＜得る＞	걷다＜歩く＞　깨닫다＜悟る＞　듣다＜聞く＞　**묻다**＜尋ねる＞　싣다＜載せる＞　알아듣다＜聞き取る＞
ㅂ用言	씹다＜噛む＞　입다＜着る＞　업다＜背負う＞　잡다＜つかむ＞　접다＜たたむ＞　좁다＜狭い＞　집다＜つまむ＞	가깝다＜近い＞　가볍다＜軽い＞　굽다＜焼く＞　눕다＜横たわる＞　덥다＜暑い＞　돕다＜手伝う・助ける＞　맵다＜辛い＞　무겁다＜重い＞　밉다＜憎い＞　쉽다＜易しい＞　싱겁다＜味が薄い＞　아름답다＜美しい＞　어렵다＜難しい＞　줍다＜拾う＞　춥다＜寒い＞
ㅅ用言	벗다＜脱ぐ＞　빼앗다＜奪う＞　솟다＜そびえる・湧き上がる＞　씻다＜洗う＞　웃다＜笑う＞	긋다＜引く＞　낫다＜治る＞　붓다＜腫れる・注ぐ＞　잇다＜結ぶ＞　짓다＜作る＞　젓다＜かき混ぜる・漕ぐ＞
ㅎ用言	낳다＜産む＞　넣다＜入れる＞　놓다＜置く＞　닿다＜着く＞　쌓다＜積む＞　좋다＜よい＞	이렇다＜こうだ＞　그렇다＜そうだ＞　저렇다＜ああだ＞　어떻다＜どうだ＞　노랗다＜黄色い＞　빨갛다＜赤い＞　파랗다＜青い＞　하얗다＜白い＞　까맣다＜黒い＞

不規則用言のまとめ

	用言の例	第1類 -고, -지만, -지다など	第2類 -세요, -면, -ㄹ 것이다など	第3類 -요, -써요など
規則用言	오다〈来る〉	오	오	와〈오아
	작다〈小さい〉	작	작으	작아
	주다〈あげる・くれる〉	주	주	줘〈주어
	먹다〈食べる〉	먹	먹으	먹어
ㄹ用言	알다〈知る・分かる〉	아*〜알	아*〜알 < ×알으	알아
不規則用言 ㄷ用言	듣다〈聞く〉	듣	들으 < ×듣으	들어 < ×듣어
ㅂ用言	춥다〈寒い〉	춥	추우 < ×춥으	추워 < ×춥어
ㅅ用言	낫다〈治る〉	낫	나으 < ×낫으	나아 < ×낫아
ㅎ用言	이렇다〈こうだ〉	이렇	이러 < ×이렇으	이래 < ×이렇어
하다用言	공부하다〈勉強する〉	공부하	공부하	공부해 < ×공부하아
으用言	쓰다〈書く〉	쓰	쓰	써 < ×쓰어
	바쁘다〈忙しい〉	바쁘	바쁘	바빠 < ×바쁘어
	기쁘다〈うれしい〉	기쁘	기쁘	기뻐 < ×기쁘어
르用言	빠르다〈速い〉	빠르	빠르	빨라 < ×빠르어
	부르다〈呼ぶ〉	부르	부르	불러 < ×부르어

*注）ㄹ用言の第1類と第2類は後ろに「ㅂ・ㄴ・ㅅ・(ㄹ)」ではじまる語尾がつくときだけ不規則になる。それ以外は「ㄹ」が残る。
c.f. 알지만 < ×앎지만, 알고 < ×앎고, 알면 < ×앎으면
例）알다〈分かる〉: 압니다, 아는, 아세요

【練習3】　次の活用表を完成させてみよう。

種別		用言	第1類	第2類	第3類
		例）있다 〈ある・いる〉	있	있으	있어
変化系	하다用言	노력하다 〈努力する〉			
		불편하다 〈不便だ〉			
	ㄷ用言	묻다 〈尋ねる〉			
		알아듣다 〈聞きとる〉			
	ㅂ用言	쉽다 〈易しい・簡単だ〉			
		귀엽다 〈かわいい〉			
		*돕다 〈助ける〉			
脱落系	ㄹ用言	길다 〈長い〉			
		알다 〈分かる・知っている〉			
	ㅅ用言	낫다 〈ましだ・(病気が)治る〉			
		긋다 〈(線を)引く〉			
	ㅡ用言	크다 〈大きい〉			
		슬프다 〈悲しい〉			
		담그다 〈漬ける〉			
脱落変化系	르用言	서두르다 〈急ぐ〉			
		떠오르다 〈(思い)浮かぶ〉			
	ㅎ用言	이렇다 〈こうだ〉			
		빨갛다 〈真赤だ〉			
		하얗다 〈真っ白だ〉			

【参考文献】

구본관・박성원・이지욱・이창용・이향 (2009) "한국어 수업을 위한 문법 활동집 초급", 랭기지 플러스
野間秀樹 (2001) 『暮らしの単語集 韓国語』, ナツメ社
배주채 (2003) "한국어의 발음", 삼경문화사
배주채 (2010) "한국어 기초어휘집", 한국문화사
백봉자 (2006) "외국어로서의 한국어문법 사전(개정판)", 하우
백봉자 (2013) "한국어 문법 어떻게 가르치는가?", 하우
오미정・이혜용・김희경 (2007) "외국인을 위한 한국어 외래어", 월인
이윤진 (2004) "한국어 학습자와 한국어 교사를 위한 한국어 문형 표현 100 (수정증보판)", 건국대학교출판부
이희승・안병희・한재영 (2010) "증보 한글 맞춤법 강의", 신구문화사
한재영・김현경 (2012) "한국어로 놀자", 신구문화사

＊この他にも国内外で出版された多くの韓国語教材に目を通しましたが、これらの教材はここでは省略します。

検印廃止

Ⓒ 完全！韓国語初級Ⅰ

2015年2月28日　初　版　発行
2023年2月28日　　4　版　発行

定価　本体 2,600 円（税別）

著　者　　松　岡　雄　太
　　　　　沈　　　智　炫
　　　　　佐　々　木　正　徳
　　　　　梁　　　正　善
発行者　　近　藤　孝　夫
印刷所　　萩原印刷株式会社
発行所　　株式会社　同学社
　　　　〒112-0005　東京都文京区水道 1-10-7
　　　　電話 03-3816-7011　振替 00150-7-166920

ISBN 978-4-8102-0277-9　　Printed in Japan

{ 許可なく複製・転載することならびに
部分的にもコピーすることを禁じます }

【ハングル一覧表】

子音字		母音字		A あ ㅏ a	B い ㅣ i	C う ㅡ ɯ	D う ㅜ u	E え ㅔ e	F え ㅐ e	G お ㅗ o	H お ㅓ ɔ	I や ㅑ ya
1	マ行	ㅁ	m	마	미	므	무	메	매	모	머	먀
2	パ行	ㅂ	p/b	바	비	브	부	베	배	보	버	뱌
3		ㅍ	pʰ	파	피	프	푸	페	패	포	퍼	퍄
4		ㅃ	pˀ	빠	삐	쁘	뿌	뻬	빼	뽀	뻐	뺘
5	ナ行	ㄴ	n	나	니	느	누	네	내	노	너	냐
6	タ行	ㄷ	t/d	다	디	드	두	데	대	도	더	댜
7		ㅌ	tʰ	타	티	트	투	테	태	토	터	탸
8		ㄸ	tˀ	따	띠	뜨	뚜	떼	때	또	떠	땨
9	ラ行	ㄹ	r	라	리	르	루	레	래	로	러	랴
10	カ行	ㄱ	k/g	가	기	그	구	게	개	고	거	갸
11		ㅋ	kʰ	카	키	크	쿠	케	캐	코	커	캬
12		ㄲ	kˀ	까	끼	끄	꾸	께	깨	꼬	꺼	꺄
13	サ行	ㅅ	s	사	시	스	수	세	새	소	서	샤
14		ㅆ	sˀ	싸	씨	쓰	쑤	쎄	쌔	쏘	써	쌰
15	チャ行	ㅈ	tʃ/dʑ	자	지	즈	주	제	재	조	저	쟈
16		ㅊ	tʃʰ	차	치	츠	추	체	채	초	처	챠
17		ㅉ	tʃˀ	짜	찌	쯔	쭈	쩨	째	쪼	쩌	쨔
18	ア行	ㅇ		아	이	으	우	에	애	오	어	야
19	ハ行	ㅎ	h	하	히	흐	후	헤	해	호	허	햐